医学美容技术专业双元育人教材系列

美容行业企业认知

主　编　申泽宇

副主编　叶秋玲

编　委　申泽宇　香港雅姬乐集团有限公司

　　　　叶秋玲　香港雅姬乐集团有限公司

　　　　龚　磊　香港雅姬乐集团有限公司

　　　　吴　菁　惠州佳庭管理顾问有限公司

　　　　杨　薇　自然天承国际珠海横琴有限公司

　　　　傅润红　广东伊丽汇美容科技有限公司

复旦大学出版社

内容提要

本书由认知美容行业、职业生涯发展规划、美容行业职业素养、美容行业企业管理、岗位创新共5个单元构成。单元一主要介绍美容行业的过去与将来,以及认识美容行业。单元二分为认同企业、职业生涯规划两个部分。单元三由认知职业素养、在岗位上成长两部分组成。单元四包括关于岗位和岗位职责、美容行业关键岗位绩效目标、美容行业的薪酬福利、美容行业企业奖惩制度、美容行业企业休假与培训考核等内容。单元五从认知创新意识和美容行业企业创新方向来谈岗位创新。本书具有明确的指导性,介绍了美容行业的过去与未来,强调了美容行业企业文化与标准化程度,特别是在如何了解企业、就业指导方面更具指导意义。本书可以作为医学美容技术专业、中医美容及美容美体专业教材使用,同时适合各类美容美体企业培训。

本套系列教材配有相关的课件、视频等,欢迎教师完整填写学校信息来函免费获取:xdxtzfudan@163.com。

序 FOREWORD

党的二十大要求统筹职业教育、高等教育、继续教育协同创新,推进职普融通、产教融合、科教融汇,优化职业教育类型定位。新修订的《中华人民共和国职业教育法》(简称"新职教法")于2022年5月1日起施行,首次以法律形式确定了职业教育是与普通教育具有同等重要地位的教育类型。从"层次"到"类型"的重大突破,为职业教育的发展指明了道路和方向,标志着职业教育进入新的发展阶段。

近年来,我国职业教育一直致力于完善职业教育和培训体系,深化产教融合、校企合作,党中央、国务院先后出台了《国家职业教育改革实施方案》(简称"职教20条")、《中国教育现代化2035》《关于加快推进教育现代化实施方案(2018—2022年)》等引领职业教育发展的纲领性文件,持续推进基于产教深度融合、校企合作人才培养模式下的教师、教材、教法"三教"改革,这是贯彻落实党和政府职业教育方针的重要举措,是进一步推动职业教育发展、全面提升人才培养质量的基础。

随着智能制造技术的快速发展,大数据、云计算、物联网的应用越来越广泛,原来的知识体系需要变革。如何实现职业教育教材内容和形式的创新,以适应职业教育转型升级的需要,是一个值得研究的重要问题。"职教20条"提出校企双元开发国家规划教材,倡导使用新型活页式、工作手册式教材并配套开发信息化资源。"新职教法"第三十一条规定:"国家鼓励行业组织、企业等参与职业教育专业教材开发,将新技术、新工艺、新理念纳入职业学校教材,并可以通过活页式教材等多种方式进行动态更新。"

校企合作编写教材,坚持立德树人为根本任务,以校企双元育人,基于工作的学习为基本思路,培养德技双馨、知行合一,具有工匠精神的技术技能人才为目标。将课程思政的教育理念与岗位职业道德规范要求相结合,专业工作岗位(群)的岗位标准与国家职业标准相结合,发挥校企"双元"合作优势,将真实工作任务的关键技能点及工匠精神,以"工程经验""易错点"等形式在教材中再现。

校企合作开发的教材与传统教材相比,具有以下三个特征。

1. 对接标准。基于课程标准合作编写和开发符合生产实际和行业最新趋势的教材,而这些课程标准有机对接了岗位标准。岗位标准是基于专业岗位群的职业能力分析,从专业能力和职业素养两个维度,分析岗位能力应具备的知识、素质、技能、态度及方法,形成的职业能力点,从而构成专业的岗位标准。再将工作领域的岗位标准与教育标准融合,转化为教材编写使用的课程标准,教材内容结构突破了传统教材的篇章结构,突出了学生能力培养。

2. 任务驱动。教材以专业(群)主要岗位的工作过程为主线,以典型工作任务驱动知识和技能的学习,让学生在"做中学",在"会做"的同时,用心领悟"为什么做",应具备"哪些职业素养",教材结构和内容符合技术技能人才培养的基本要求,也体现了基于工作的学习。

3. 多元受众。不断改革创新,促进岗位成才。教材由企业有丰富实践经验的技术专家和职业院校具备双师素质、教学经验丰富的一线专业教师共同编写。教材内容体现理论知识与实际应用相结合,衔接各专业"1+X"证书内容,引入职业资格技能等级考核标准、岗位评价标准及综合职业能力评价标准,形成立体多元的教学评价标准。既能满足学历教育需求,也能满足职业培训需求。教材可供职业院校教师教学、行业企业员工培训、岗位技能认证培训等多元使用。

校企双元育人系列教材的开发对于当前职业教育"三教"改革具有重要意义。它不仅是校企双元育人人才培养模式改革成果的重要形式之一,更是对职业教育现实需求的重要回应。作为校企双元育人探索所形成的这些教材,其开发路径与方法能为相关专业提供借鉴,起到抛砖引玉的作用。

博士,教授

2022 年 11 月

前 言 PREFACE

在全国现代学徒制专家指导委员会和全国卫生职业教育教学指导委员会的支持指导下,广东省卫生职业教育协会和医学美容技术专业产教研联盟牵头,联合全国50多所相关院校或企业参与,共同开发了"全国现代学徒制医学美容技术专业'十三五'规划教材"。《美容行业企业认知》是本套教材之一。

这本教材是推广现代学徒制的专家们经过与美容企业各岗位负责人交流沟通,汇总了美容企业各关键岗位的需求,确立了"美容行业企业认知"这门课程的课程标准。

依据课程标准,本教材从认知美容行业开始,到进行职业生涯规划,再到学习职业素养要求,最后走进企业实践,逐步引导学生达到热爱美容行业、明确岗位定位和职业发展路径、培养职业素养、掌握并熟悉企业管理内容的教学目标。让学生在学校就知道自己将来做什么、怎么做,发展方向是什么,最大化地让学生了解企业,明确企业具体需求,懂得企业管理模式,为学生的角色转换起到正确的指导作用,为弥合学校教学标准与企业用人标准间的差距起到积极的促进作用。本教材适合医学美容技术专业和中医美容专业的学生学习使用,也可供各类美容职业教育培训机构选用。

本教材的编写得到广东省卫生职业教育协会的大力支持,以及广东省内各卫生职业教育学院(校)、香港雅姬乐集团有限公司、自然天承国际横琴有限公司、广东伊丽汇美容会所管理有限公司的积极参与和无私奉献,在此表示深深的感谢。

由于时间紧张和作者水平有限，书中难免出现疏漏和缺憾，恳请广大读者批评指正，以帮助我们再版时改进。

申泽宇

2019年3月

目 录 CONTENTS

单元一　认知美容行业 ... 1-1
任务一　美容行业的过去与未来 ... 1-1
　　一、现代美容发展史 ... 1-1
　　二、美容行业发展趋势与发展空间 ... 1-3
任务二　认识美容行业 ... 1-5
　　一、美容行业类别 ... 1-5
　　二、美容行业规模 ... 1-7
　　三、美容行业企业组织结构 ... 1-9
　　四、美容行业企业发展规划与愿景 ... 1-13

单元二　职业生涯发展规划 ... 2-1
任务一　认同企业 ... 2-1
　　一、企业文化 ... 2-1
　　二、企业的核心项目和特色项目 ... 2-10
　　三、企业岗位特点 ... 2-11
　　四、训练与感知 ... 2-12
任务二　职业生涯规划 ... 2-15
　　一、职业生涯规划三要素 ... 2-15
　　二、如何创建自己的职业规划 ... 2-18
　　三、如何落实自己的职业规划 ... 2-20
　　四、训练与感知 ... 2-22

单元三　美容行业职业素养 ... 3-1
任务一　认知职业素养 ... 3-2
　　一、职业道德 ... 3-2

二、职业信念 ·· 3-3
　　三、职业价值观 ·· 3-9
　　四、提高职业知识技能 ······································· 3-9
　　五、培养良好的职业行为习惯 ····························· 3-9
　　六、训练与感知 ··· 3-10

任务二　在岗位上成长 ·· 3-11
　　一、入职基本条件 ·· 3-11
　　二、干一行爱一行 ·· 3-13
　　三、塑造职业形象 ·· 3-13

单元四　美容行业企业管理 ··· 4-1

任务一　关于岗位和岗位职责 ···································· 4-1
　　一、美容行业关键岗位及岗位职责 ······················· 4-1
　　二、美容行业关键岗位任职资格 ·························· 4-5
　　三、训练与感知 ·· 4-8

任务二　美容行业关键岗位绩效目标 ··························· 4-10
　　一、岗位绩效目标的意义 ··································· 4-10
　　二、岗位绩效目标制订原则 ································ 4-11
　　三、绩效考评 ··· 4-11
　　四、训练与感知 ·· 4-14

任务三　美容行业的薪酬福利 ···································· 4-16
　　一、薪酬体系 ··· 4-17
　　二、薪酬对员工的作用 ······································ 4-18
　　三、美容行业企业薪酬结构 ································ 4-19

任务四　美容行业企业奖惩制度 ································· 4-21
　　一、企业实行奖惩制度的目的 ····························· 4-21
　　二、企业奖惩制度内容 ······································ 4-21
　　三、训练与感知 ·· 4-25

任务五　美容行业企业休假与培训考核 ······················· 4-26
　　一、美容行业企业休假管理 ································ 4-26
　　二、美容行业企业培训考核 ································ 4-29
　　三、训练与感知 ·· 4-33

单元五　岗位创新 ·· 5-1

　　一、认知创新意识 ·· 5-1
　　二、美容行业企业创新方向 ································ 5-2

目 录 CONTENTS

主要参考文献 ··· 1

附录一　综合练习题 ··· 2
附录二　课程标准 ··· 8

单元一
认知美容行业

学习目标

1. 了解美容行业的过去与未来。
2. 熟悉生活美容与医疗美容的相同点和不同点。
3. 熟知美容行业企业规模与组织架构,读懂企业组织架构图。

小白是某医学职业技术学院医学美容技术专业的新生。入学以来她始终感觉非常迷茫:美容行业是一个什么样的行业?自己在美容行业能从事什么工作?在美容行业工作有发展前途吗?

任务一 美容行业的过去与未来

随着中国经济的发展,人们对良好生活品质的追求更加强烈,所以,加快发展服务业,不仅有利于加强社会建设与管理创新、提高人民生活水平和质量,而且有利于发挥我国人力资源丰富的优势、促进创新型国家建设、推动经济由大变强。这无疑给健康、美容产业带来非常好的发展机会。

美容有着悠久的历史,人们对美的追求从来就没有停止过。我们先来了解中国美容行业的发展历史。

一、现代美容发展史

中国的美容发展起步于20世纪80年代末期,已经走过近30年的路程,取得不少进步。

根据 2015 年的数据统计,中国美容产业及与美容相关的产业,解决就业人口 1 720 万,是第三产业中从业人数众多的行业之一;全国城镇美容机构总数 183.2 万家,总营业收入 7 680.4 亿元。健康、美容产业已经成为我国国民经济的重要组成部分,极大提升了国民的生活品质与健康水平。2015 年 11 月党的十八届五中全会通过"十三五"规划建设,将健康中国上升为国家战略,未来中国健康、美容行业将有广阔的发展前景。

纵观中国美容行业近 30 年的发展,大致可以分为 4 个时期。

(一) 生活美容时期

从 20 世纪 80 年代末开始将近十来年的时间,消费者经历了从对美容的无知和盲从,到对美容产生一定需求的整个过程。在这一时期消费者对美容没有更多了解,跟风成为这一时期的特点,所以,对美容服务的需求仅仅是面部清洁、滋润、按摩、敷膜等,美容师借助手工、滋养化妆品就可以满足消费者的需求。同时,这一时期由于缺乏规范化管理,美容行业乱象丛生,从业人员的素质更是参差不齐。

(二) SPA 养生时期

2000 年以后,随着国外以及我国的香港、台湾地区美容理念、美容项目的影响深入,香氛疗法、SPA 养生等应运而生,"精油养生"、"口服胶原蛋白"、"专家坐诊"等成为流行语。人们开始注重健康,体会到美容服务带来的身心享受,美容的内涵更加深入和丰富。美容成为高品质生活的标志。

(三) 大医美时期

从 2008 年到 2014 年将近 6 年的时间是大医美时期。随着美容观念的深化,消费者不再满足见效较慢的传统美容方式,而是更加关注快速见效的整形美容。在韩国、日本、中国台湾地区整形热潮的引领下,国内行业从业者趋之若鹜,整形手术、注射美容、涉外医疗、干细胞抗衰等项目呈井喷发展,这些项目往往价格高昂,只针对很少的高端消费者,导致美容院有质量的消费者流向医疗整形机构,这也就解释了为什么在 2008 年之后国内医疗整形机构如雨后春笋般出现。

(四) 高科技美肤时期

从整个美容行业的发展变化不难看出,消费者的需求发生变化,也促进了美容行业的进步与发展。目前美容市场的消费主体是 70、80、90 后出生群体,他们在生活习惯、消费习惯、美容意识、信息来源等方面都与 50、60 后出生群体大不相同,他们一方面对滞后的传统生活美容方式感觉不满,另一方面对医疗美容的风险高、价格昂贵、愈后时间长、后期保养困难等问题心存疑虑和担忧,他们的消费趋向于向高效、科技、时尚、便捷、安全、价实、普及率高、愈后时间短的高科技美肤转变。所以,从 2014 年开始,中国美容行业进入高科技美肤时期。

美容行业的发展前景不可估量。如何不断满足人们日益增长的美容需求,跟上国民经济发展与社会进步的步伐,真正实现美容行业特别是美容化妆品专业线企业的健康、可持续发展,是每一位美容从业者必须面对的问题。

二、美容行业发展趋势与发展空间

(一) 美容行业与互联网

随着互联网的发展和普及,信息来源更加快捷、广泛,人们对美容养生的要求越来越多样化,服务标准也越来越高,特别是电子商务的普及,促使美容行业进一步规范服务标准、提高服务质量、强化专业水平、提升从业人员职业素养,以应对市场需求,同时也加速业内对化妆品、美容仪器、美容教育、美容服务等产业一体化模式进行深入研究。美容是时尚行业,注定要紧跟时代的变化而改变。

电子商务使人们对美容、化妆品的知识越来越熟悉,通过网络能够迅速找到自己喜欢的、优质的美容企业或护肤用品,这给现代美容行业带来新的冲击,也带来更大的发展空间。

(二) 美容行业主力消费群体变迁与个性化服务

2013年随着"个性美容"一词的出现,一个新的群体成为美容行业的消费主体,这是一个追求个性化的青年群体,无论在单位、家庭,还是在社会,他们都将逐渐扮演重要角色。由于他们思想活跃、个性张扬,给美容行业带来真正意义的个性化需求与变革。同时,日、韩时尚潮流也在影响中国新生代,形成强大的个性化服务流派,引领个性化服务消费。

个性化服务是美容从业者专业知识、专业技能是否精湛的试金石。也就是说,美容消费者对美容从业人员的专业素质要求更高了,不仅仅满足于简单、复制性高的服务,而且希望得到专业、有效的关注和指导。

随着消费群体的变迁和个性化服务需求的凸显,美容从业者群体也将发生革命性的变革。同时,这种发展趋势使美容行业的发展空间变得不可估量。

(三) 美容行业的核心项目升级

随着人们生活与工作压力的增大,健康越来越受到人们的关注,如何"养生"成为人们茶余饭后的核心话题。养生项目也应运而生,成为美容行业的主要业务之一。与此同时,现代科学技术快速发展的趋势,带动和影响美容行业核心项目升级,高科技美肤、高科技养生悄然进驻美容行业,使美容行业的发展空间更加广阔。更为重要的是,随着高科技美容养生技术的普及,将有大量受过医学美容专业教育的知识、技能型人才涉足美容行业,他们将成为美容行业未来发展的生力军。

情境分析 1-1

美容行业在中国的发展时间比较短,人们对新兴行业的了解也比较片面,加之美容行业在发展初期人才定位不清晰,造成许多人才流失,也使许多年轻人才望而却步,所以小白才会感到迷茫。其实经过30多年的发展,美容行业已经发生翻天覆地的变化,要想解决小白的问题,就要从认识美容行业的过去、现在与未来开始。对于一个正处于"青春期"的行业,小白们完全可以坚定自己的选择,美容行业的希望和未来是青年人的。

知识链接 1-1

　　SPA 源于拉丁文"Solus Par Agula"("Solus"指健康,"Par"指在,"Agula"指水中,意思是健康之水)。SPA 又称为"水疗",是指利用水资源采用浸浴、按摩、涂敷保养品和香熏、冥想等方法,促进人体新陈代谢;满足人体视觉、触觉、嗅觉的愉悦感觉;缓解紧张、焦虑、沮丧的心情,达到一种身心畅快的境界。SPA 是由专业美疗师、水、光线、芳香精油、音乐等多个元素组合而成的舒缓减压的美容方式,有身、心、灵的保健效果。

复习思考题

　　(1) 分别找出能够形容以下每个时期的一个案例(口述表达):①生活美容时期;②SPA 养生时期;③大医美时期;④高科技美肤时期。
　　(2) 简述美容行业的发展趋势。
　　(3) 谈谈自己对未来美容行业的发展设想(300 字左右)。

情境导入 1-2

　　小白和同学们在了解了美容行业的过去与发展之后,开始畅想美容行业的未来发展,大家七嘴八舌,什么样的设想都有,场面非常热烈。小白若有所思地问老师:"大医美是不是意味美容院可以开展整形类的美容项目?如果可以的话,美容院的美容服务层次会有很大提升哦!"听了小白的问题,老师讲了下面的故事。

案例导入 1-1

　　A 女士的美容院一直延续传统的美容服务方式,前段时间朋友向她推荐了两个美容项目:重睑整形、注射祛皱。A 女士很动心,一方面顾客有这个需求,另一方面项目的利润较高,于是她在自己的美容院开展了这两个项目。开始进行得比较顺利,但是一位顾客重睑术后感染,造成瘢痕增生,顾客把 A 女士告上法庭,导致美容院停业整顿、赔偿经济处罚。A 女士非常沮丧地问:"为什么我们不可以做呢?"

任务二 认识美容行业

与其他行业一样,美容行业拥有众多结构健全、完善的优质企业。虽然不同的企业经营性质不同,但都是围绕美容行业的发展而存在。不同的企业在行业中的地位与作用各不相同,受人们的关注面也存在差异,需要我们沉下心来认真学习,了解美容行业的企业类别和各自在行业内发挥的作用。

一、美容行业类别

美容行业是由多种项目、不同层面和方法组成的庞大系统。一般把美容行业分为生活美容与医疗美容两类。生活美容包括美容、美体、美甲、美发、形象设计等美容服务,医疗美容主要从事美容整形、侵入治疗(如注射、激光)等医疗服务。

(一)生活美容与医疗美容的异同

1. 生活美容与医疗美容的相同点

(1)生活美容与医疗美容的服务对象相同。两者都是围绕人体以医学理论、美学理论、心理学理论为基础展开的探索、研究与工作。

(2)生活美容与医疗美容的目的相同。两者都是以维护人体健康、塑造美丽外形为目的。

(3)你中有我,我中有你。医疗美容的整形、皮肤病治疗、口腔矫形、手术缝合、注射美容等都要考虑审美因素;生活美容的抗衰老、抗疲劳、祛皱、脱敏、修复等都要遵循医学原理,不能违背医疗原则。

2. 生活美容与医疗美容的不同点

虽然生活美容与医疗美容有着千丝万缕的联系,但它们各自承担不同的责任,具体区分如下。

(1)二者定义不同。生活美容是运用化妆品、保健品和非医疗器械等非医疗性手段,对人体所进行的如皮肤护理、按摩等带有保养或保健性的非侵入性的美容护理;医疗美容是指运用手术、药物、医疗器械以及其他具有创伤性或者侵入性的医学技术方法对人的容貌和人体各部位形态进行的修复与再塑。

(2)美容方法不同。生活美容方法是利用符合国家标准的各类化妆品、保健品和非医疗用器材等开展的各项美容服务;医疗美容方法是利用符合国家标准的各类药物、各类手术(包括外科手术和激光治疗等),以及符合国家标准的各类医疗器械开展的各项美容服务。

(3)从业人员资格不同。生活美容从业人员资格是具有中医美容或医学美容技术专业中专以上学历,通过国家中级以上美容师资格考试,获得中级以上美容师资格;医疗美容从业人员资格是具有相应临床医学学历,通过国家统一的执业医生考试,并取得临床执业医师资格,在此基础上还需要获得美容医疗的资格。

(二) 生活美容的类别特点

生活美容的服务内容随着人们的需求不断完善、细分,主要包括美容、美体、美甲、美发、形象设计(化妆造型)等。

(1) 美容主要是针对面部皮肤进行的一系列护理服务,包括补水润肤、祛皱抗衰、防晒、控油祛痘、调理修复等。

(2) 美体主要是针对身体皮肤、体型塑造进行的一系列护理服务,包括 SPA、按摩、美胸、减肥等。

(3) 美发主要是针对头发进行的一系列护理服务,包括发型修剪、造型、头发和头皮养护等。

(4) 美甲主要是针对指甲进行的一系列护理服务,包括修甲、彩绘、植甲等。

(5) 形象设计主要是针对一个人的外在形象进行的一系列服务,包括妆面设计、发型设计、服装设计等。

随着社会的发展,生活美容的类别也在慢慢发生变化。例如,形象设计在某种程度上已经成为一个独立的行业。

情境分析 1-2

通过前面的学习,我们清楚地知道:A 女士对生活美容和医疗美容的界定不清,在美容院开展了不应该有的项目,加之美容院不具备手术标准条件,损害了顾客利益,违反了法律,必定要受到处罚。小白也是不清楚生活美容和医疗美容的界限,才会有这样的想法。其实国家对医疗美容和生活美容的服务范围、任职资格都有明确的规定,我们必须照章执行,才不会违反国家法律和行业规范。

情境导入 1-3

听完老师的介绍,小白和同学们又有了新的困惑:"我们是医学美容技术专业的学生,医疗美容方面适合我们的岗位非常有限,我们将来在生活美容方面能有什么发展吗?"老师又讲了一个故事。

案例导入 1-2

美容师 A 毕业于医学美容技术专业。在校时,他一直认为自己毕业后只有进入医院才会有发展前途,可是到医院后他发现自己的专业文凭和专业技能无法施展,无奈之下他转入生活美容行业。在美容行业的众多岗位中,他选择了高端美容技术岗位,深入美容院直接服务顾客,用自己的专业知识和技能,处理复杂的皮肤问题,积累了较为丰富的经验。现在美容师 A 已经晋升为美容技术总监,带领他的团队钻研技术、钻研产品、服务顾客、培训美容师,是美容企业不可多得的技术人才。

不难看出：由于医疗美容与生活美容的差异，小白们非常有必要从多个角度了解美容行业。因为美容行业已经形成完善的产业链，具有一定的规模，存在巨大的职业发展空间和职业发展机会，上面案例中的美容师 A 就是一个很好的榜样。

二、美容行业规模

美容是一个"年轻"的行业，短短 30 年的发展速度是前所未有的。美容行业产业链的搭建，是美容行业人才在发展中不断摸索并完善的。现在美容行业正大步向标准化、专业化方向迈进。

（一）美容行业规模

行业规模是指劳动者、劳动手段、劳动对象等生产要素和产品在行业里集中的程度。例如，员工的数量、生产设备、营销方式、服务对象的受众面以及产品销量等都可以成为衡量某一个行业规模的标准。

对于中国美容行业，从员工数量上分析，就业人数达 1 720 万，是第三产业从业人数最多的行业之一；从全国城镇美容机构（企业）数量上分析，达到 183.2 万家；从年营业收入上分析，年总营业收入达 7 680.4 亿元；从美容行业企业类型上分析，可以说围绕健康美容这个核心延伸出众多不同类型的企业，如图 1-2-1 所示。

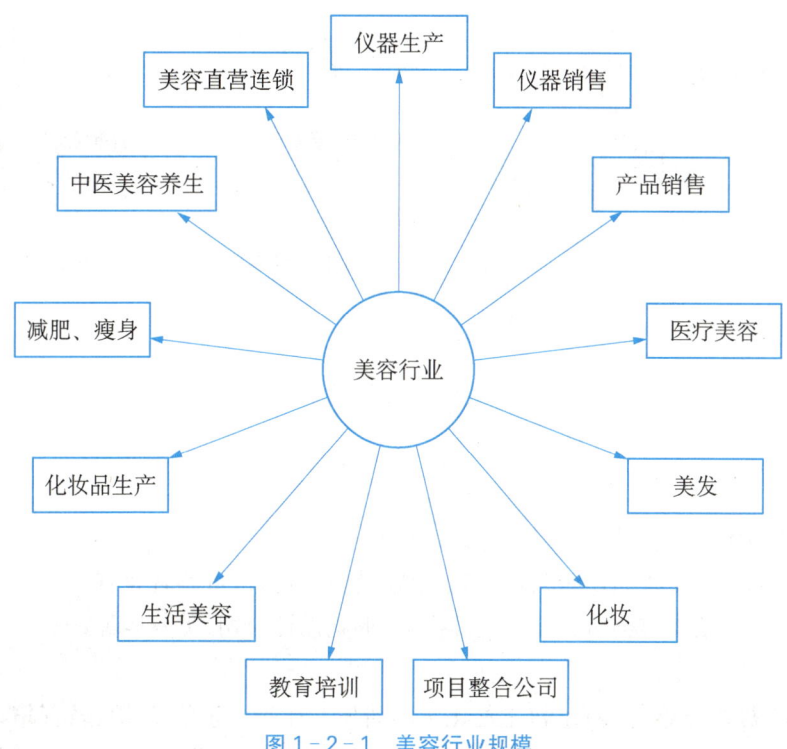

图 1-2-1 美容行业规模

美容行业以自身之力在发展中不断完善,从产品研发、生产到产品营销再到终端服务,形成一个完整的产业链。不论从业人数、产品种类和质量,还是消费人群都有了突飞猛进的增长与提高。

(二)美容行业产业链

1. 关于产业链

产业链是一个包含价值链、企业链、供需链和空间链4个维度的概念。这4个维度在相互对接的均衡过程中形成产业链。

产业链的本质是用于描述一个具有某种内在联系的企业群结构,是一个相对宏观的概念。产业链中大量存在上、下游关系和相互价值交换,上游环节向下游环节输送产品或服务,下游环节直接面对终端,向上游环节反馈产品和服务的顾客需求信息。

产业链是产业层次的表现,是产业关联程度的表现,是资源加工深度的表现,是满足需求程度的表现。

2. 产业链类型

(1)接通产业链是指将一定地域范围内产业链断环或孤环的产业部门,借助某种产业合作形式串联起来。这种产业关联的实质是各产业中企业之间的供给与需求关系。

(2)延伸产业链(全产业链)是将一条既已存在的产业链尽可能地向上游、下游拓展延伸。产业链向上游延伸,一般使得产业链进入基础生产环节和技术研发环节,向下游拓展则进入市场拓展环节。

3. 美容行业产业链

美容行业产业链如图1-2-2所示。

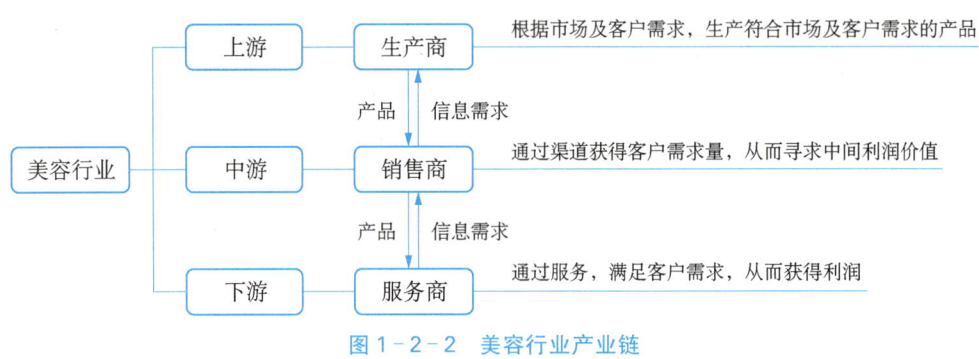

图1-2-2 美容行业产业链

(1)生产商包括化妆品生产厂家、美容仪器生产厂家。

(2)销售商包括化妆品销售公司、美容仪器销售公司,也可两者兼有。

(3)服务商包括美容会所、美容院、养生馆、形象设计公司、美发店等。

4. 全产业链企业

企业以消费者为导向,创建和完善化妆品研发与生产、物流、营销、教育培训与人才输送、品牌推广、终端服务等各个环节,实现产品质量、服务质量可追溯的一条龙供给全过程,称为全产业链企业。一个企业在发展过程中形成并完善自己的产业链,说明这个企业是良性发展的企业,上游、中游、下游都在自己的掌握之中,为企业的可持续性发展打下基础。

小白疑问 1-1

创建全产业链企业有什么优势?全产业链企业对个人发展有什么益处?

三、美容行业企业组织结构

组织结构是指企业内的组织机构以及机构之间从属、并列配置关系的组织形态。企业组织结构是在企业管理要求、管控定位、管理模式及业务特征等多种因素影响下,根据企业内部组织资源,搭建工作流程、开展业务、落实管理、达成目标等组织形态。组织结构的形式与状况对组织功能的发挥和管理目标的实现有着直接的影响。

(一)组织结构形式

组织结构是企业的流程运转、部门设置及职能规划等最基本的结构依据。现代企业的组织结构有很多种形式,本书简单介绍直线制和职能制两种形式。

1. 直线制组织结构形式

直线制组织结构是一种最早也是最简单的集权式组织结构形式,如图1-2-3所示。

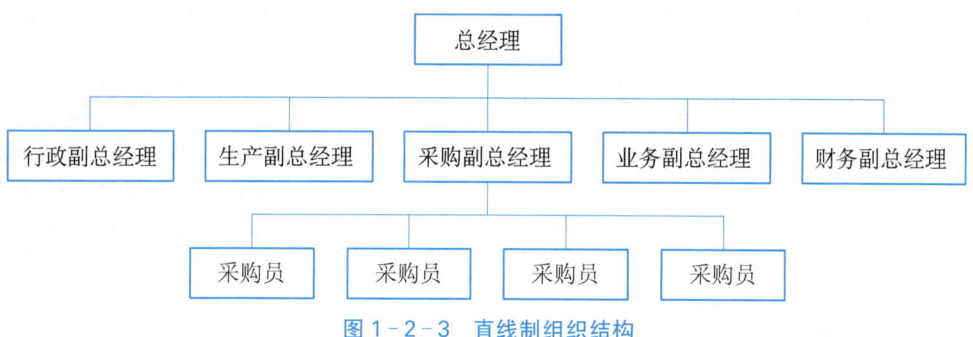

图 1-2-3 直线制组织结构

特点 企业各级行政单位从上到下实行垂直领导,下属部门只接受一个上级的指示,各级主管负责人对所属单位的一切问题负责。总部不另设职能机构(可设职能人员协助主管负责人工作),一切管理职能基本上都是由总经理执行。

优点 结构比较简单,责任分明,命令统一。

不足 要求主管负责人通晓多种知识和技能,能够亲自处理各种业务。这在业务比较复杂、企业规模比较大的情况下,把所有管理职能都集中到最高主管一人身上,显然是难以胜任的。

结论 直线制组织结构形式只适用于规模比较小、生产技术比较简单的企业,对生产技术和经营管理比较复杂的企业并不适宜。

2. 职能制组织结构形式

职能制组织结构又称参谋组织结构。它是指各级行政单位除设置主管负责人以外,相应地设立一些职能机构,如图1-2-4所示。

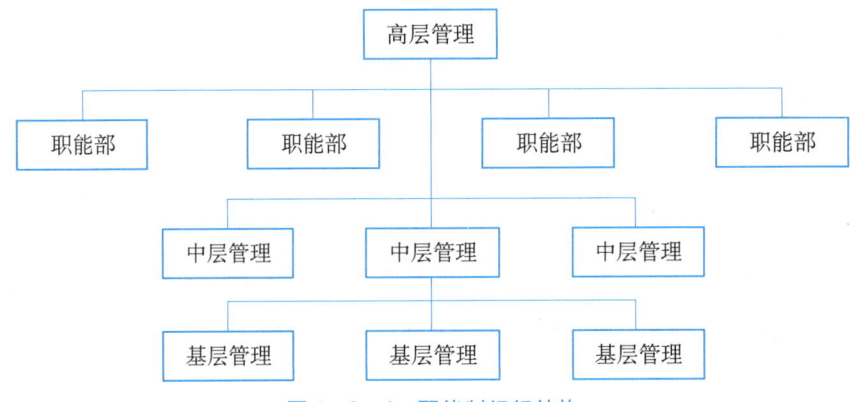

图1-2-4 职能制组织结构

特点 在直线制组织结构形式基础上为各级领导设置职能机构人员,他们既协助上级领导工作,又在各自的职能范围内直接指挥多个业务部门的工作。这种形式具有适应企业生产技术和经营管理复杂的特点。

优点 能适应现代化企业生产技术比较复杂、管理工作比较精细的企业;能充分发挥职能机构的专业管理作用,减轻直线领导人员的工作负担;每位管理人员专司一职,有利于工作上的精益求精;能充分发挥专业分工的功效。

不足 妨碍了必要的集中领导和统一指挥,形成了多头领导;不利于建立和健全各级行政负责人和职能科室的责任制,在中间管理层往往会出现有功大家抢、有过大家推的现象。另外,在上级行政领导和职能机构的指导和命令发生矛盾时,下级就会无所适从,影响工作的正常进行,容易造成纪律松弛、生产管理秩序混乱。由于这种组织结构形式的缺陷非常明显,现代企业一般都不采用职能制组织结构形式。

3. 直线-职能制组织结构形式

直线-职能制组织结构又称直线参谋制组织结构。它是在直线制和职能制组织结构的基础上取长补短、吸取这两种形式的优点而建立起来的。目前,绝大多数企业都采用这种直线-职能制组织结构形式,如图1-2-5所示。

特点 把企业管理机构和人员分为两类:一类是直线领导机构和人员,按命令统一原则对各级组织行使指挥权;另一类是职能机构和人员,按专业化原则从事组织的各项职能管理工作。直线领导机构和人员在自己的职责范围内有一定的决定权和对所属下级的指挥权,

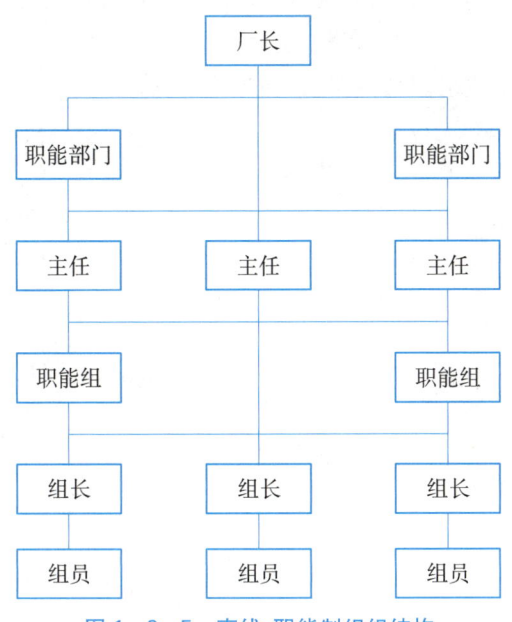

图 1-2-5　直线-职能制组织结构

并对自己部门的工作负全部责任。职能机构和人员则是直线指挥人员的参谋，不能对直接部门发号施令，只能进行业务指导。

优点　既保证了企业管理体系的集中统一，又可以在各级行政负责人的领导下，充分发挥各专业管理机构的作用。

（二）组织结构图的作用

组织结构图是组织结构的直观反映，是最常见的表现员工、职称和群体关系的一种图表，它形象地反映出组织内各机构、岗位上下左右相互之间的关系。组织结构图的作用包括：

（1）可以显示其职能的划分；

（2）可以知道其权责是否适当；

（3）可以看出该人员的工作负荷是否过重；

（4）可以看出是否有无关人员承担较为松散或无关系的工作；

（5）可以看出是否有让有才干的人没有发挥出来的情形；

（6）可以看出是否有让不胜任此项工作的人担任重要职位的情形。

组织结构图格式并不固定，关键是考虑是否符合公司发展战略的需要。组织架构是为了实现战略效果而将相关工作进行划分，因此，要根据企业具体情况制定具体的个性组织结构图。

（三）美容行业企业组织结构

美容行业企业规模差异较大，企业的组织结构很难有统一的模式，下面通过两个案例介绍美容行业的企业组织结构形式,它们具有一定的示范性和代表性。

1. 美容行业全产业链企业组织结构

美容行业全产业链企业组织结构如图1-2-6所示。

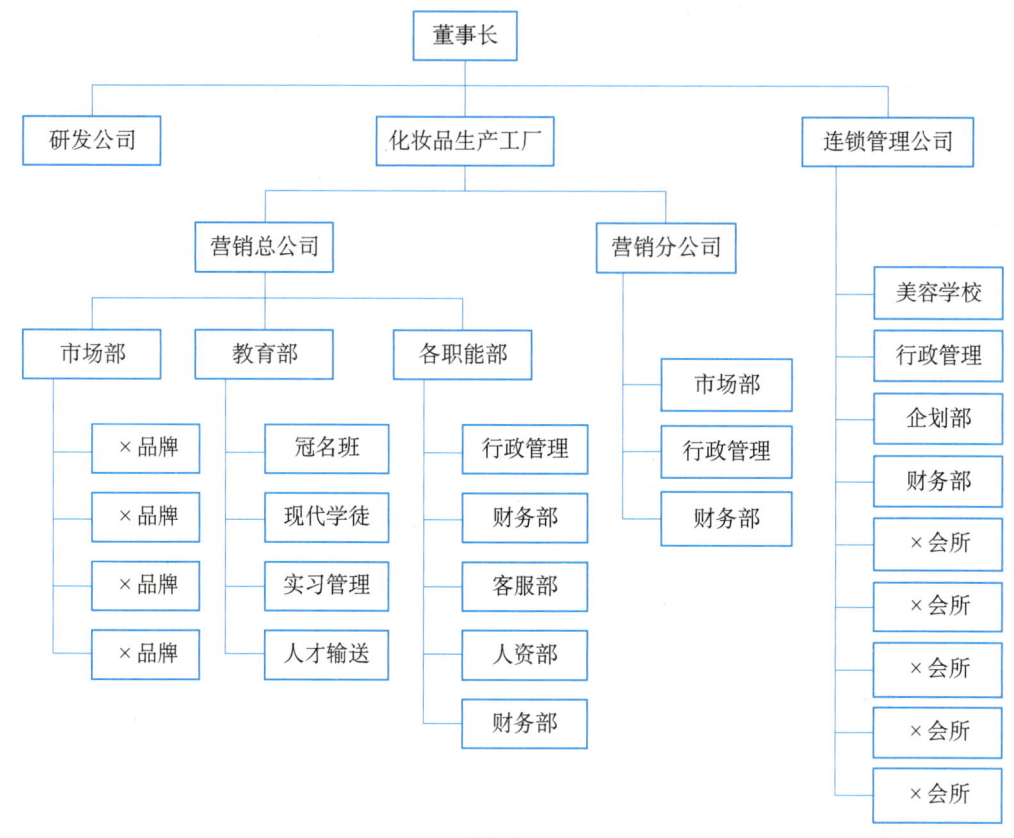

图1-2-6　全产业链企业组织结构

这是美容行业常见的一类组织结构形式。企业一般是由多家子公司组成,子公司之间的核心经营项目不尽相同,但为公司创造效益的目标是一致的。集团下属的公司与公司之间、部门与部门之间、岗位与岗位之间相互联系、相互约束,形成共同向着一个目标努力的合作关系。

多层次的管理,可以监督工作效率,明确责任与分工,防止集权主义出现。在一定条件下能够加快工作效率,避免由于过多的管理机构导致职权重叠,从而拖累企业的经营与发展。良好的组织结构体系,能够使不同职能、不同机构部门通过分工协作、有效控制与有效联系的形式,保证企业经营高效运作。

2. 美容会所(院)组织结构

美容行业终端服务企业的规模大小各异:规模大、人员多,组织架构相对复杂;相反,则是规模小、人员少,组织架构也会相对简单。麻雀虽小,五脏俱全,美容会所(院)组织结构的管理形式还是大同小异的,如图1-2-7所示。

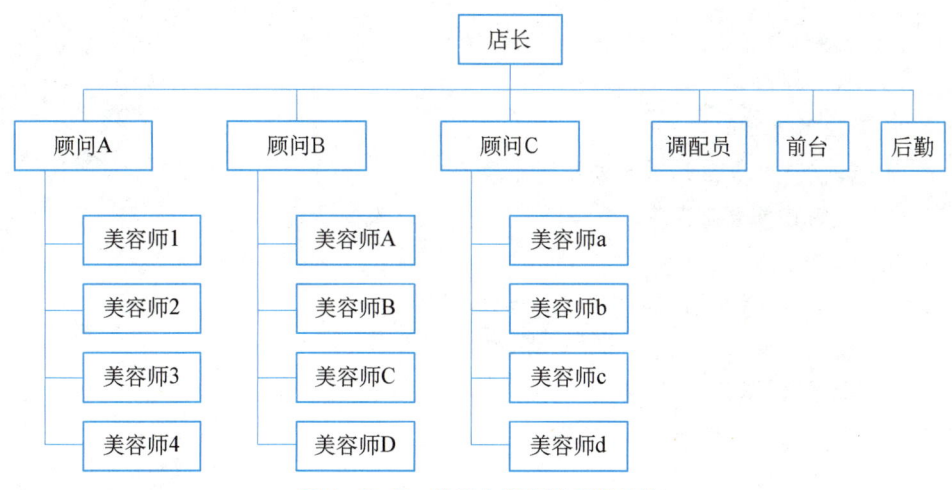

图 1-2-7　美容会所(院)组织结构

美容企业管理的难易程度和长远发展高度,是由企业的组织结构决定的,就像一场成功的演出,不仅需要每个演员的表演,而且要求有优秀的剧本。同样,一个企业要想高效运行,首先要求组织结构合理,使企业中的每一位员工都能各尽所能。合理的组织结构能够提高管理人员的管理水平,实现高效的管理结果,从而充分体现企业价值观,达成企业目标。

美容行业中不同企业的组织结构各有所异,有的美容企业已经在全国各地建立起直营连锁店,岗位众多,员工群体庞大,有的美容企业还只是类似"夫妻店",人员少,组织结构简单。因此,各个不同阶段的企业应根据企业自身既有的经营条件建立起适合企业、有特色的组织结构。

四、美容行业企业发展规划与愿景

(一) 企业发展规划

发展规划是对企业战略的规划,其主要作用是如何更好地发展企业。企业发展规划主要包含产品研发、企业内部组织结构调整、资本运作、企业品牌创建与维护、专业教育、市场维护与拓展等方面内容。下面以企业专业教育规划为例,讲述美容行业企业发展规划。

案例导入 1-3

美容行业企业专业教育发展规划(摘要)

专业教育是企业发展的基础,坚持做教育型企业是企业发展的方向。企业教育学院肩负着企业教育培训的重任。为了提高企业的专业水平,协同其他部门达成企业目标,对教育培训作出如下规划。

一、员工教育

1. 员工教育目的

(1) 提高员工专业知识和专业技能水平。

(2) 提高员工专业素养。

2. 员工教育形式

(1) 新知识、新技能、新项目班:培训内容(略)。

(2) 现代学徒制班规划:教学内容(略)。

(3) 微课班:课程内容(略)。

3. 考核与奖励(略)

二、顾客教育

1. 顾客教育目的

(1) 提高顾客对美容服务的专业认知度。

(2) 建立良好的客情关系(信任度)。

2. 顾客教育形式

(1) 微课:课程内容(略)。

(2) 公益课:课程内容(略)。

三、现代学徒制校企合作

1. 校企合作目的

(1) 把企业的需求和标准带入学校,缩小校企"两张皮"的教学差距。

(2) 为美容行业培养、输送实用型人才。

2. 人才培养方案

(1) 中医美容专业人才培养方案(略)。

(2) 医学美容技术专业人才培养方案(略)。

四、新员工入职教育

1. 入职教育目的

(1) 增加相互了解,为岗位定位打下基础。

(2) 提高基本能力,统一技能标准。

(3) 上岗考核,保证上岗质量。

2. 入职教育形式

(1) 职业素养培训:培训内容(略)。

(2) 企业文化培训:培训内容(略)。

(3) 基本技能培训:培训内容(略)。

(4) 上岗考核:考核内容与标准(略)。

案例分析 1-3

以上是一个美容行业企业教育培训部门的专业教育发展规划。从整体上看,这家企业的教育培训内容非常全面,包含新人教育、员工教育和顾客教育,真正体现了教育型企业对人才、对专业知识的重视,单单在教育培训方面就有如此规划的企业一定会成为优质企业。从形式上看,这家企业的教育培训形式具有多样性和针对性,对于在职员工,侧重于短期培训和学历提升培训(现代学徒制岗位教学),形成员工成长路径;对于新人,采取学校教学和岗位教学的形式(现代学徒制),搭建源源不断的人才储备规模;对于顾客,则进行线上、线下培训,从长远角度建立起顾客对企业的信任和依赖。这份规划让你不会质疑企业员工的专业程度,不会担心员工流失,不会相信顾客会轻易离开,而且一切教育为企业经营目标服务。由此可以看出企业规划的意义和重要性。

(二)企业发展愿景

企业发展愿景的实质是企业发展美好的未来,可以用一句话来概括。

案例导入 1-4

某美容企业发展愿景如下:
企业愿景——打造中国美业全产业链第一品牌;
企业使命——成为中国美业最优质的服务平台;
企业服务观——实现客户价值,成就员工理想;
企业价值观——诚信务实,创新共赢。

短短的4句话描绘出企业的发展蓝图。企业可以借此凝聚优秀人才,共同描绘这份蓝图,在蓝图的描绘过程中机会与成功共存。

情境分析 1-3

医学美容技术包含医学和美容学的知识与技能。由于医疗美容与生活美容的差异,小白们非常有必要从多个角度了解生活美容这一板块,因为生活美容已经形成完善的企业产业链,具有一定的规模,存在巨大的职业发展空间和职业发展机会。同学们不要仅把自己的职业发展定位于医疗美容企业。

知识链接 1-2

企业组织结构与规划

　　当企业规划变革时,会导致组织结构的改变。当企业改变规划时,原组织结构就不再适合企业。这时就要求调整现有的组织结构,使其服从规划需要。企业规划定位需要正确分析企业目前组织结构的优势和不足,设计开发适应规划需求的组织结构模式。

复习思考题

　　1. 简述生活美容与医学美容的相同点与不同点。

　　2. 谈谈自己对美容行业产业链的认识。

　　3. 某美容会所由于经营发展的需要,老板计划在另一个区新开一家直营连锁店。原来单店的组织结构中有店长、顾问、美容师、前台、调配员、清洁工 6 个岗位,扩张后的直营连锁店与原有单店的组织架构相同。

　　(1) 请画出这家美容会所扩张后的组织结构图。

　　(2) 扩张后的组织结构与扩张前有什么区别?为什么?(注意:店与店之间的组织关系。)

　　4. 请设计一家由销售公司和直营会所组成的企业组织结构图,说明你的设计思路,并注明你在组织结构中所处的位置。

单元二
职业生涯发展规划

学习目标

1. 通过理解、掌握企业文化,进而热爱美容行业、认同美容企业。
2. 初步完成从学生到员工的心理角色转换。
3. 掌握职业生涯发展规律,作出2~3年的职业生涯规划。

情境导入 2-1

最近小白和同学们经常与企业老师沟通,喜欢问及与美容企业相关的问题,例如,"美容师每天做什么?""美容师是卖化妆品的吗?""美容院是如何祛皱的?"企业老师一一回答他们的问题之后,笑着问道:"再有一年你们就要进入企业了,你们想过到企业之后做什么?怎么做?"小白非常干脆地回答:"我们还是学生,继续学习呗!"望着小白和同学们年轻的面孔,老师陷入沉思:正是小白这样的心态,增加了企业的用人成本,让学生融入企业变得很难。如何才能帮助同学们完成从学生到员工的角色转换呢?

▶任务一 认同企业

选择一个企业并认同它,是一个人职业生涯的开始。那么,应该从哪些方面去了解并认同一个企业呢?

一、企业文化

企业文化是在一定的条件下,企业在生产经营和管理活动中所创造的具有该企业特色的精神财富和物质形态。它包括企业价值观(文化观念和环境、价值观念、道德规范、行为准则)、企业背景、企业荣誉、企业制度、企业产品品牌、企业团队建设等。其中,企业价值观是企业的核心,企业背景是企业的足迹,企业荣誉是企业的标识,企业产品品牌是企业的窗口,企业团队建设是企业的根本。

(一) 企业价值观

企业价值观是企业及其员工的价值取向,是企业在追求经营成功过程中所推崇的基本信念和奉行的根本目标。简而言之,企业的价值观就是企业决策者对企业性质、目标、经营方式等取向所做出的选择,是为员工所接受的共同观念。随着经营环境的变化,产品会陈旧,消费趋向会变化,新技术会不断涌现,管理模式也在瞬息万变,但是优秀企业的价值观是不会变的,它代表着企业存在的理由。

例如,"诚信务实,创新共赢"是美容行业中一个企业的价值观,已经沿用了30年。30年来企业员工人数增加,产品品种更新,项目增多,经营模式变更,企业发生了巨大变化,但是企业的价值观始终没有改变。从"诚信务实"中可以看到企业的品质,从"创新共赢"中可以看到企业的精神。如果个人的价值观与企业价值观能够达到共识,就可以选择这个企业作为个人职业发展的平台。

(二) 企业背景

所谓企业背景,就是企业的历史。企业历程长、企业在经营中获得的荣誉多,企业价值观始终如一,这些都是优秀企业的标志。

1. 企业足迹

我们可以从企业成长、发展的足迹中获得信息,帮助我们进行分析判断。

案例导入 2-1

30年的沉淀,铸就企业品牌辉煌!

1. 创建品牌

1991年,创建×企业;

1991年,建立×化妆品工厂;

1991年,成立×有限公司;

1991年,第一代补水系列产品问世;

1991年,第一家美容院诞生;

1991年,×美容美发学校成立。

2. 全产业链企业萌芽(1992—1996年)

1994年,在国家商标总局注册永久商标;

1994年,针对美容行业开设专业公开课,开始招募全国代理商,发展加盟店;

1995年,全面导入国际质量认证体系ISO9002;

1996年,品牌获"补水之王"荣誉称号。

3. 全产业链企业起步(1997—2003年)

1997年,正式挂牌成立精细化工研究所;

1997年,第二代补水系列产品问世;

1999年,获"全国美容教育卓越成就奖";

2001年,获"×省企业家协会突出贡献奖";

2003年,成立×分公司。

4. 全产业链企业发展(2004—2009年)

2004年,第三代补水系列产品问世;

2006年,成为南方×大学唯一注册合作伙伴;

2007年,获"2007年度华山奖·中国美容业最受市场关注产品";

2008年,被评为"2008中国美容化妆品行业十大诚信品牌"。

5. 全产业链企业初具规模(2010—2014年)

2010年,成为国家质监局重点推广单位;

2010年,增加养生品牌;

2010年,公司正式集团化运作;

2011年,联合南方×大学推出细胞修复新品牌;

2011年,完成×三大医学院校的美容教育培训基地建设;

2012年,董事长荣获"广东省优秀女企业家"称号;

2012年,第四代补水系列产品问世;

2013年,成为全国工商联美容化妆品商会标准推广委员会副主任单位;

2013年,成为"中国美业首批央视榜样企业";

2013年,×品牌产品获"中联美标补水修复项目年度规范品项奖";

2013年,美容连锁企业被评为全国首批"美容标准化建设示范单位";

2013年,分公司获"标准化推行优秀组织奖";

2014年,在瑞士注册成立×分公司;

2014年,董事长任"×市美容化妆品行业协会会长";

2014年,自主品牌营销总部入驻新办公场地。

6. 向高科技美肤转型(2015年)

2015年,通过卫生职业教育协会的平台进入现代学徒制行列;

2015年,成立医学美容技术产教研联盟;

2015年,第一个高科技美肤项目问世;

2015年,引进瑞士原料,推出专业光电仪器高端修护系列产品;

2015年,开设高科技美肤中心形象店与旗舰店,开始向连锁经营转型。

7. 全面打造高科技美肤系统(2016年)

2016年,工厂全面升级,打造近万平方米、十万等级GMP现代化化妆品生产基地;

2016年,全新推出"双美战略系统",为中国美业众多美容院从传统生活美容向高科技美肤中心转型提供全面解决方案。

> **案例分析 2-1**
>
> 　　一个企业的发展历史其实就是一本教科书。从案例中可以关注两个亮点：第一，脚踏实地、一步一个脚印地发展企业，没有急功近利，没有哗众取宠，没有弄虚作假，这样的企业可以让人信赖；第二，具有可持续发展的潜能，从"补水之王"到高科技美肤，紧紧围绕顾客的需求和时代的发展，这样的企业会有未来的发展空间。所以，在选择职业平台时，企业的背景不可不看。

2. 企业领航人

企业领航人是企业的灵魂，企业理念、企业规划、企业管理模式和企业执行力都与领航人息息相关。在美容行业中有很多优秀的领航人。

> **案例导入 2-2**
>
> 　　1. ××董事长
> 　◆ 本科学历、国家美容一级技师
> 　◆ 公司董事长、分公司董事长、美容美体连锁企业董事长
> 　◆ 中等教育指导委员会专家委员，国家劳动部指定美容教育专家，中联美标副主任，全国大医美联盟副主席，美容化妆品行业协会会长，医学美容产教研联盟执行理事长，南方×大学医学美容教育中心主任
> 　◆ ×省优秀女企业家
> 　　2. ××总经理
> 　◆ 临床医学学士，神经内科硕士
> 　◆ 美容行业营销策划大师，美加美新模式创始人，医学美容产教研联盟创始人，全国工商联美容化妆品行业商会副秘书长，美容化妆品商会SPA交流中心秘书长

> **案例分析 2-2**
>
> 　　有时我们热爱一个行业、置身某个职业，都是从崇拜、认同某个人开始的。企业领航人的学识、资历、素养可以成为影响一个人择业的重要因素。从欣赏到追随，直到成就梦想，这未尝不是一种理想的职业选择。

(三) 企业荣誉

企业荣誉代表一个企业的高度，是企业在行业内存在的价值，也是企业的标识。

案例导入 2-3

×企业获得的荣誉如下：
- 中国美业首批"央视标榜企业"
- 美容标准化建设单位
- 国家著名医学院校冠名企业
- 美容化妆品行业协会会长单位
- 全国工商联美容化妆品商会副秘书长单位
- 获"美容标准化建设优秀组织奖"
- 获"×省优秀女企业家"荣誉

案例分析 2-3

众多企业荣誉都说明：这是一个优秀的企业。这些荣誉很多是来自国家管理部门和行业评价部门，它们对企业经营具有监督核查责任。能够得到这些荣誉，是企业的光荣。提醒同学们进入一个企业时要认真看看这个企业有哪些荣誉标识，会帮助你对企业增强信心。

（四）企业产品品牌

品牌是企业的名称、产品或服务的商标，以及可以有别于竞争对手的标识、广告等，它是构成企业独特市场形象的无形资产。

产品品牌是包含产品的名称、术语、标记、符号、设计等方面的组合体，代表该产品的一系列附加值，如产品的原理、功效、品相、定位、特点等。一个企业的产品品牌，就像认识企业的一个窗口。通过观察产品品牌的种类、生存周期、产品定位，可以帮助我们认识企业本身。

案例导入 2-4

×企业相继推出一系列涵盖中、高端市场定位的美容抗衰、养生保健的专业品牌，包括"百年丽人""水滋态""葆丽秀蔓""脊源美"等。

1. "百年丽人"品牌

这是中国化妆品专业线第一个以补水理念开发的产品，是坚持了近30年的专业线品牌。

（1）品牌发展历史：

1994年，首家推出入眼也不产生刺激的、最安全的抗敏产品"褪红精华露"。

1996年,推出第一代补水畅销产品"补水王""双效补水霜""珍珠软膜粉"。
2000年,推出第二代补水产品"植物美容深养系列"。
2004年,首家推出全国畅销产品——可以"吃"的膜"童颜膜王"。
2005年,成立美容产品研发中心,为品牌产品开发、产品品质保驾护航。
2006年,推出全国热销产品"水美白冰膜""柔和美白原液""粉粒水"。
2007年,推出明星产品"防敏修复冰晶""重组表皮因子"。
2008年,推出具有行业典范的精油养生产品"丽人三宝"。
2010年,推出面部全能三组合套装,"木鱼石能量水疗"热销全国。
2012年,推出第三代补水产品。
2013年,推出"魅眼系列"。

(2) 品牌发展宗旨:品质决定一切,专业才是根基。

(3) 品牌经营理念:创造以补水为核心的高品质产品。

(4) 品牌服务理念:用专业护肤理念引导美容服务。

(5) 品牌发展定位:专注补水100年。

(6) 品牌发展愿景:成为中国专业、知名的补水品牌。

2. "水滋态"品牌

(1) 品牌特点:以表皮角质层"砖瓦泥浆结构"理论为基础,围绕生物因子对皮肤的生理作用,提出下面的内容:修复损伤的角质细胞,是肌肤重建天然屏障功能的关键,唯有角质细胞与细胞间基质得到修复,才可以充分吸收并保持水分和营养;皮肤只有构建自身防御功能、恢复屏障作用,才能远离干燥、损伤、敏感,达到健康、水润的目的。

(2) 品牌定位:表皮修复。

3. "葆丽秀蔓"品牌

这是高科技美肤必备产品。

(1) 品牌定位:专注高科技美肤。

(2) 品牌理念:用科学的态度精准呵护皮肤。品牌首先提出皮肤深层激活、浅层调理、细胞修复三大理念,利用高端美容仪器,对皮肤进行不同深度的活化,使精准分类的产品渗入皮肤,修复、调理皮肤的不良状态,专门解决各类理疗后皮肤修复和效果维护的问题。

4. "脊源美"品牌

(1) 品牌定位:脊柱是健康美丽的源泉。

(2) 品牌愿景:成为专业有效的亚健康调理养生品牌。

(3) 品牌使命:为所有客户提供最安全有效的产品和最优质贴心的服务。

(4) 品牌理念:骨正筋柔,身体健;筋长一寸,寿延十年。

(5) 品牌优势:专业院装产品和家居产品无缝链接。

案例分析 2-4

"百年丽人"品牌是个老品牌。这个品牌的亮点是"专注补水100年"。从品牌发展进程中可以看出,不管是补水第一代、第二代,还是其他产品的开发,"百年丽人"品牌始终针对一个皮肤问题——皮肤缺水。这是一个定位准确、受众面很广的品牌,历经30年不衰。

"水滋态"品牌定位非常好,直接针对角质层,主攻细胞修复。在角质层"砖瓦泥浆结构"理论基础上,阐明了产品机理,夯实了产品功效。不论是使用者,还是推荐者,都觉得有道理、有效果。这就是产品畅销的原因。

"葆丽秀蔓"品牌是专注高科技美肤的产品,是使用高端美容仪器时及后续维护的必备产品。当今美容行业高端美容仪器风行,这个产品品牌填补了空白,所以一进入市场就站稳了脚跟。企业在产品研发、定位方面很有眼光。

"脊源美"品牌秉承"筋长一寸,寿延十年"的养生原理,结合现代医学脊柱系统理论,以养筋为核心,进行亚健康的调理,在市场上获得认可,深得人心。

这4个产品品牌,每一个都是经过精心设计的,有定位,有理念,有效果,生存周期长。品牌与品牌之间相辅相成,保证了企业经营的可持续性,同时又与时俱进,在发展中不断更新。不论哪个产品品牌,企业的优势都尽显其中。

(五)企业团队建设

一个企业小到3~5人,大到成百上千人,他们凝聚在一起共同完成企业目标,这就是团队。他们团结协作,顾全大局,不计个人得失,这就是团队精神。团队精神是企业文化的一部分,是一种集体意识。团队精神要求团队的每个成员都以提高自身素质和实现团队目标为己任。

团队精神的核心是协同合作,目的是最大程度地发挥团队成员的潜在能量。良好的企业团队精神来自正确的管理文化,没有良好的从业心态和自我牺牲精神,就不会有坚实的团队精神。一个缺乏团队精神的队伍就如同一盘散沙,没有活力,没有朝气,在激烈的竞争面前会不堪一击。企业发展壮大的基本条件之一,就是拥有一支团结协助、有团队精神的员工队伍,其主要表现如下:

(1) 在工作秩序方面,优秀的企业团队工作秩序有条不紊,员工各司其职,只见忙碌的身影,没有喧哗,没有懈怠,没有发呆,办公环境整洁有序。

(2) 在工作态度方面,优秀的企业团队工作态度积极、主动、热情,对人面带笑容,做事雷厉风行。

(3) 在工作效率方面,优秀的企业团队工作效率是言必行、行必果。

(4) 在团结协作方面,优秀的企业团队虽然分工不同、岗位不同、责任不同,但有一点非常明确——只要是企业的事,都是自己的事。在美容行业企业有很多团队协作的故事,让我们来看一场招商会。

案例导入 2-5

×化妆品企业拥有500多名员工,分别形成研发生产团队、项目开发团队、企业行政团队、人力资源团队、财务团队、企业策划团队、技术专家团队、教育学院团队、客户服务团队、市场营销团队等。企业每年都要召开招商会,2018年的招商会计划在8月举行。

2018年企业招商会流程安排

1. 企业高管会议

参加人员:市场运营高管、研发高管和项目开发高管。

会议内容:新产品研发(收集终端反馈信息,对其进行分析研究,最后确定研发项目或产品)、制定招商政策和招商目标。

2. 制定价格

参与团队:财务团队和项目开发团队。

工作内容:确定采购目标、核算成本、调整结构、制定价格。

3. 组织生产

参与团队:研发生产团队、项目开发团队和企业策划团队。

工作内容:新产品生产、质量把控、包装设计。

4. 新产品打版

参与团队:技术专家团队和市场营销团队。

工作内容:检验新产品效果,完成新产品文案。

5. 招商会物料准备

参与团队:企业策划团队和行政团队。

工作内容:完善新产品宣传资料、会场设计、会场物料准备。

6. 招商会会前工作

参与团队:市场营销团队、客户服务团队、技术专家团队、教育学院团队和人力资源团队。

工作内容:邀约客户、宣传招商政策、准备新产品宣讲资料和讲稿、准备团队展示节目、人员协调、安排。

7. 招商会

(1) 布置会场。

责任团队:企业策划团队。

工作内容:组织人力、布置会场环境。

(2) 新产品展示。

责任团队:技术专家团队和市场营销团队。

工作内容:新产品展示布置与管理、新产品示范操作与讲解。

(3) 客户食宿。

责任团队:行政团队和人力资源团队。

工作内容:略。

(4) 接待。

责任团队：市场营销团队、行政团队、教育学院团队和人力资源团队。

工作内容：迎接客户。

(5) 团队展示。

责任团队：教育学院团队。

工作内容：展示人员的组建、展示内容编排、训练。

(6) 新产品发布。

责任团队：市场营销团队、技术专家团队、教育学院团队和财务团队。

工作内容：新产品讲解、示范、销售、收款。

(7) 客户跟进。

责任团队：市场营销团队、财务团队。

工作内容：略。

8. 会议结束

责任团队：市场营销团队、行政团队、企业策划团队和技术专家团队。

工作内容：送客、会场整理。

9. 会后会

参与团队：全体员工。

会议内容：目标达成总结、安排会后跟进服务工作。

案例分析 2-5

对于一个每年创造可观产值的企业，它的每一分价值都是团队相互配合、同心协力创造的，其中哪个环节出了问题，都会影响企业目标的达成。从企业一场招商会的发起到圆满成功，可以看出团队协作的重要性。企业效益不是某一个人可以创造的，成功的秘籍在于团队协作。

企业的规模、经营的内容各有不同，但团队协作无处不在。

案例导入 2-6

A美容师是个综合能力较强的人，不仅人长得漂亮，而且干事利落，善于与顾客沟通，技术手法也很好，非常受顾客的欢迎。她对自己也充满信心。

一天，某顾客预约上午11点来做美容，让A美容师准备好房间。由于当天顾客预约非常多，安排给A美容师的房间要10点50分前期服务才能完成，时间非常紧。可是A美容师服务完顾客后，需要陪同顾客到前台结账，没有时间收拾房间。按照工作常规，A美容师应该抓紧协助B美容师整理好房间，然而A美容师认为这是B美容师的工作任务，与自己无关，自己没有义务帮助B美容师整理。结果在11点A美容师的顾客到达时，房间还没收拾好，B美容师送走顾客再来收拾好房间时，已经让A美容师的顾客等了足足15分钟,损害了顾客的利益。由于失信于顾客,顾客对A美容师进行了投诉。

优质的美容服务离不开团队的高效协作。如果在团队中把个人得失看得太重,对工作斤斤计较,忽视团队成员间的相互协助,这不仅会损害顾客和企业的利益,也会损害个人的利益。案例中A美容师对团队工作的不协助行为,结果导致自己和团队双双损失。在美容服务工作中,必须一切以顾客为中心、以团队利益为重,才能实现个人的价值。其实帮助别人就是帮助自己,这是融入团队的法宝。

二、企业的核心项目和特色项目

企业的核心项目就是在某个时间段为企业创造效益的项目,企业的特色项目则是与别的企业有所不同的项目。要想深入认识美容行业企业,就一定要了解该企业的核心项目和特色项目,也就是说,你要知道这个企业是做什么的(或者是销售什么的),是否有过人之处,这样有助于自己的职业定位。

案例导入2-7

×化妆品企业在传统项目的经营额稳定增长、客户群逐渐增加的状态下,在2018年确定了企业的核心、特色项目——美加美高科技美肤。

美加美高科技美肤项目由醒目标识、专业环境、高端美容技术、精准人员定位、规范服务等构成,打造"高端美容产品+声光电美容仪器=效果倍增的美容技术"。此项目意在改变传统美容院的经营模式,吹响美容会所(院)全面升级的集结号。

1. 项目名称

项目名称(之一)是深海SPA透皙。

2. 项目结构

项目结构是"多功能美肤仪器+生物美肤产品"。

3. 项目美容功效

(1) 收缩毛孔。采用冰雕塑颜技术,配合生物产品,清除毛囊口死皮,促使毛囊内皮脂排出,同时毛孔收缩,使皮肤细腻、紧致。

(2) 淡化色素。利用物理吸吮原理注入水分,促使沉积黑素的角质细胞脱落,皮肤变得白皙。

(3) 深层滋润。促进富含营养物质的产品经皮吸收,增加保湿因子在细胞内的含量,促使角质细胞水合作用增强,使皮肤饱满、水嫩。

(4) 提亮肤色。血液循环、淋巴循环加快,沉积在皮肤内的代谢垃圾被送走,氧气和营养物质被吸收,局部含氧量增加,皮肤呈现通透、光泽样变化。

4. 项目适用范围

(1) 各种肤质的健康皮肤。

(2) 不同年龄阶段的问题皮肤。

5. 项目操作要求

必须由持医美专业毕业证书的高级美容师操作；操作必须严格按照规定程序进行。

案例分析 2-7

对于"深海 SPA 透皙"项目，从名称上分析，深海 SPA 与水有关，透皙是通透、白皙的含义，那么，如何用水做到让皮肤通透、白皙呢？这就需要借助多功能美肤仪器和专项生物美肤产品，配合专业氛围，让具有资质的美容师操作。整个项目专业高端，引人入胜，更关键的是美容效果得到顾客的认可，实践证明此项目受到市场的推崇。这个项目需要有资质的专业技术人员的操作要求，为受过良好专业教育的医学美容技术专业学生提供了合适的就业岗位。

三、企业岗位特点

企业岗位是职业人的平台，不同的企业也有不同的岗位平台。这个平台是否适合自己的职业生涯发展，需要了解美容行业企业岗位的特点，帮助同学们做好岗位定位。

（一）上、中游企业岗位特点

1. 企业核心岗位

见习美容导师（现代学徒制学生）、美容导师、技术导师、美容讲师、品牌总监等，构成上、中游企业的核心岗位。

2. 岗位特点

(1) 技术要求较高，有动手操作能力。
(2) 有一定的工作经验，善于销售。
(3) 有销售压力，需要独立工作。
(4) 经常出差，而且出差时间比较长。
(5) 有管理能力、培训能力和协调能力。

（二）下游企业岗位特点

1. 企业核心岗位

见习美容师（现代学徒制学生）、美容师、美容顾问、店长等，构成下游企业的核心岗位。

2. 岗位特点

(1) 直接服务终端顾客，技术要求精准、娴熟。

(2) 服务质量以顾客认可为导向。
(3) 工作地点相对固定。
(4) 有销售意识和服务意识。

(三) 医疗美容企业岗位特点

1. 企业核心岗位

整形医生、护士、网络咨询师、现场咨询师、客服专员等,构成医疗美容企业的核心岗位。

2. 岗位特点

(1) 以医疗美容项目为主,具有执业医生资格和护士资格。
(2) 医美专业学生择业岗位具有局限性。
(3) 工作地点固定。
(4) 有销售意识和服务意识。

> **情境分析 2-1**
>
> 　　对于一个从学校到学校的学生,让他们完全理解现代学徒制双重身份的确比较难;对于一切以市场为导向的企业,接受一个把自己当学生的员工也非常勉强。所以,现代学徒制岗位教学就是针对这一问题,让学生在学校就认识美容行业,增加对美容行业的感情,引导他们做好学生与员工的角色转换,以适应企业的要求,减轻学生就业初期的心理落差。要想更多地了解美容行业,顺利完成双重身份的确认,做好角色转换,需要小白们从企业文化、企业的核心项目(特色项目)以及岗位特点等多个角度了解企业,同时逐渐认同企业,学会像员工一样思考问题,让自己的人生目标与企业目标一致,才能给自己的职业生涯做出切实可行的规划。

四、训练与感知

美容行业是年轻人聚集的行业,年轻的最大特点就是活力四射。青春需要释放;青春需要表现。最突出的表现就是美容行业拓展培训。企业通过拓展培训,调动员工的工作积极性,训练岗位基本能力,感悟并领会企业文化内涵,在实训中锻炼培养员工。

(一) 晨会文化

1. 活动目的

晨会是一种组织活动形式。通过这种组织活动形式能够达到以下 3 个目的:第一,调动员工的工作热情,激发能量,营造积极向上的企业氛围;第二,强化团队意识,感受融入团队的激情和快乐;第三,弘扬企业文化。

2. 参加人数

全体人员参加。

3. 活动规则

(1) 大家轮流做主持人,一般每周一轮换。

(2) 每个工作日早晨开晨会,每日 10 分钟。

4. 活动流程

(1) 组织。

主持人:(组织晨会)"晨会时间到,全体同事 10 秒钟内集合(倒数 10 秒)。"

(2) 整队。

主持人:"全体队友,立正,左右距离 20 公分,向右看齐,向前看,从左向右报数。"报数完后稍息 1 分钟。

(3) 整装。

主持人:整理着装(头发、衣领、上衣),标准站姿(右手在下,左手在上放于肚脐处)。

(4) 问好。

主持人:"各位优秀的伙伴们,大家早上好!"

员工:"好!(鼓掌)非常好!(双手竖起拇指)耶!(右手握拳举起)"

(5) 自我介绍。

主持人:"新的一天开始了,真诚的友谊来自简单的自我介绍。我是××,来自××,非常高兴由我来做今天的晨会主持。相信我今天的主持能给大家带来激情和快乐,谢谢!(全体击掌 3 下)晨会现在开始。"

(6) 精神状态。

主持人:"每一天大家都必须保持良好的工作状态,我们的状态是——"

员工:"激情!(两手掌对外从口往外拉开)速度!(五指并拢于腰部,出双手掌向上)有力量!(右手屈肘握拳于眼前,向上 3 次)"

(7) 背诵企业价值观。

主持人:"接下来由我带领大家背诵——

企业愿景:打造中国美业全产业链第一品牌;

企业使命:成为中国美业最优质的服务平台;

企业服务观:实现客户价值,成就员工理想;

企业价值观:诚信务实,创新共赢;

员工四不准:不准偷懒,不准找借口,不准拒绝学习,不准收受客户恩惠。"

(8) 分享。

主持人:"与大家分享我的工作经验,分享我的快乐。今天我分享的主题是××"

(9) 舞蹈。

主持人:"为了让大家每天都有激情与活力,有请我们优秀的 DJ 播放今天的舞蹈音乐,大家呈舞蹈队形展开。(开始舞蹈)"

主持人:"集合,立正!大家都非常棒!我们把最优秀的掌声送给自己。(3 次掌声)"

(10) 今日主要工作(学习)安排。

主持人:"各位领导是否有工作(学习)安排?"(主持人要与安排工作的人进行握手交接)

主持人:"伙伴们,成功来自每天的认真与坚持,我相信我们一定是最棒的!"员工:"加油!加油!加油!"

主持人:"今天工作内容是否清晰?"员工:"清晰。"主持人:"好,今天的晨会结束!"员工:"好好好!棒棒棒!(3次掌声)耶!(右手握拳向上举)"

(二)午饭活动

1. 活动目的
培养团队协作、统筹意识,加强沟通能力。

2. 活动规则
以小组为单位,每个单位6名组员,只带12元钱出门解决午饭问题。

3. 活动要求
不能有任何外援,只用12元钱让每一个组员都吃上饭,而且每一个组员都要达到吃饱状态(不能水饱)。

4. 活动分享
你们的组员吃饱饭了吗?你们是如何让全体组员吃饱饭的?你们从活动中悟出什么?

小白疑问2-1

上游企业和中游企业的岗位特点为什么是相同的?

复习思考题

1. 简述企业文化的定义。
2. 企业文化对个人职业生涯有什么影响?
3. 简述具有团队精神的企业团队表现。
4. 在美容行业中你适合哪些岗位?为什么?

职场箴言

与团队和谐相处的秘诀:尊重他人、关心他人、帮助他人、肯定他人、赞美他人、学习他人、感恩他人!

情境导入 2-2

一天小白神秘地把一张纸交给老师:"请您帮我看看!"老师打开这张纸,发现它是一份《我的职业生涯规划》,内容如下:"我是医学美容技术专业的学生,在学校我们学习了人体解剖生理、中医美容、美容美体技术等专业课程。明年我们就要到企业了,我要虚心向企业师傅学习,学习企业的服务流程,了解企业的管理模式,到更多的岗位学习他们的操作技术,为将来的工作打下基础。"看完小白的职业生涯规划,老师陷入沉思。你看出什么问题了吗?为什么?请带着问题进入下面的学习。

任务二 职业生涯规划

职业生涯规划是对职业生涯乃至人生持续、系统的计划过程。它是个人与组织相结合,在对职业生涯的主客观条件进行测定、分析、总结的基础上,对自己的兴趣、爱好、能力、特点进行综合分析,结合时代特点,根据个人职业倾向,确定最佳的职业奋斗目标,并为实现这一目标做出行之有效的安排。一个完整的职业规划由职业定位、目标设定和通路设计3个要素构成。

一、职业生涯规划三要素

(一) 职业定位

研究自己适合从事哪些职业或工作,是职业生涯规划的关键和基础。在思考这个问题时,要从职业动机、职业兴趣、职业技能和职业性向4个方面着手。

1. 本人的职业动机

职业动机(职业锚)是进行职业生涯规划时必须考虑的关键要素。当一个人在做职业选择时,无论如何都不会放弃的、至关重要的东西或价值观就是职业动机。职业动机是人们选择和发展职业时所围绕的中心。

每一个人都有自己的职业动机,影响一个人职业动机的因素有天资和能力、工作动机和需要、人生态度和价值观。天资主要是由遗传因素决定,其他各项与环境的影响和后天的努力相关。职业动机会不断发展变化,这一点有别于职业性向。例如,某位同学攻读了医学博士,并且从事外科医生工作已经20年,尽管他的职业性向可能并不适合做外科医生,但是他在确定自己的职业时已经基本上不会考虑改换其他职业,这就是因为他的职业动机在起作用。

(1) 技术或功能型职业动机。有技术或功能型职业动机的这类人往往有一技之长,愿意在自己所处的专业技术领域施展才能，找到自己的存在感并有所成就。很多企业习惯将技术拔尖的科技人员提拔到领导岗位而忽略了他们的职业动机，结果既不利于企业管理，又影响了专业技术的创新和进步，所以，企业以及个人都要尊重一个人的职业动机，这样才能真正做好职业定位，使企业和个人职业的发展最大化。

（2）管理型职业动机。有管理型职业动机的这类人有强烈的愿望去做管理工作，他们的经验也表明他们自己有能力达到高层领导职位，因此，他们将职业目标定为有相当大职责的管理岗位。成为高层管理人员需要3个方面的能力①分析能力，在信息不充分或情况不确定时判断、分析、解决问题的能力；②人际能力，影响、监督、领导、应对与控制各级人员的能力；③情绪控制力，有能力在面对危急事件时不沮丧、不气馁，并且有能力承担重大的责任，而不被其压垮。

（3）创造型职业动机。有创造型职业动机的这类人善于建立完全属于自己的东西，或是成立以自己名字命名的产品或工艺，或是成立自己的公司，或是具有能反映个人成就的私人财产。他们认为只有这些实实在在的事物才能体现自己的才干。

（4）自由独立型职业动机。有些人更喜欢独来独往，不愿像在大公司里那样彼此依赖。很多有这种职业定位的人同时也有相当高的技术型职业定位，但是他们不同于那些简单技术型定位的人，他们并不愿意在组织群体中发展，而是宁愿做一名咨询人员，或是自主创业，或是与他人合伙开业。

（5）安全型职业动机。有些人最关心的是职业的长期稳定性与安全性，他们为了安定的工作、可观的收入、优越的福利与养老制度等付出努力。目前，我国绝大多数的人都选择这种职业定位，在很多情况下，这是由于社会发展水平决定的，而并不完全是本人的意愿。相信随着社会的进步，人们将不再被迫选择这种类型。

以上5种分类并无好坏之分，只是为了帮助大家更好地认识自己，并据此认真思考自己的职业生涯，设定切实可行的目标。

值得注意的是，随着现代科技发展与社会进步，需要随时注意修订职业目标，尽量使自己的职业选择与社会需求相适应，一定要紧跟时代发展的脚步，适应社会的需求，才不致被淘汰出局。

2. 本人的职业兴趣

在作职业生涯规划时，还要充分考虑本人的职业兴趣。例如，喜欢旅行（适合经常出差的职业），喜欢温暖湿润的气候（适合在南方工作），喜欢自己做出决定（应该自己做老板），喜欢住在中等城市，不想到大公司工作，喜欢穿休闲服装上班，不喜欢伏案工作，等等。另外，本人具有的特长也不能忽略。如果具有某项突出的特长，而这项特长可以为其带来收入，作职业生涯规划时就应当将其作为一个重要因素加以考虑。

3. 本人的职业技能

职业技能就是自身的本领，如专业、特长等。

4. 本人的职业性向

研究发现，不同的人有不同的人格特征，而不同的人格特征适合从事不同的职业。关于职业性向一般包括实践性向、研究性向、社会性向、常规性向、企业性向和艺术性向6种。

每一种职业性向适合于特定的若干职业。通过一系列测试，可以确定一个人的职业性向。知悉自己的职业性向，就可以从对应的若干职业中选择适合自己的职业。

(二) 目标设定

1. 社会需求分析

设定职业目标时，要把目光投向未来。研究自己现在所做的工作在十年后会怎么样？自己的职业在未来社会需要中是增加还是减少？自己在未来社会中的竞争优势随着年龄的增加需求是不断加强还是逐渐削弱？自己从事的职业是否是社会发展迫切需要的？还有自己选择的职业在目前与未来社会中的地位情况，社会发展对自身发展的影响，自己选择的单位在未来行业发展中的变化情况和在本行业中的地位、市场占有及发展趋势等。对这些社会发展趋势问题的认识，有助于自我把握职业的社会需求，让自己的职业目标紧跟时代脚步。

2. 人际关系分析

个人处于社会庞杂环境中，不可避免地要与各种人打交道，因而分析人际关系状况显得尤为必要。人际关系分析应着眼于以下两个方面：在个人职业发展过程中将与哪些人交往，其中哪些人将对自身发展起重要作用；工作中将会遇到什么样的上下级、同事及竞争者，对自己会有什么影响，如何提高人际交往能力，等等。这些有利于职业目标的设定。

3. 职业目标的可行性

设定职业目标要切实可行，避免好高骛远。职业目标应该本着从基层做起的原则，只要脚踏实地、一步一个脚印地努力工作就能实现。

4. 职业生涯规划时限

面对发展迅速的信息社会，仅仅制订一个长远的规划显得不太实际，有必要根据自身实际及社会发展趋势，把理想目标分解成若干可操作的小目标，灵活规划自我。一般以5～10年的时间为一个规划段落为宜，这样就可以跟随时代需要灵活易变地调整自我，太长或太短的职业生涯规划都不利于自身成长。具体可有两种方式：一是根据自己的年龄划分目标，如25～30岁的职业规划；二是根据职业通路中职位、职务阶段性的变化为划分标准，制订不同时期的努力方向，如5年之内向部门经理职位冲刺、10年内成为主管经理等。

(三) 通路设计

1. 岗位

除了研究本人适合从事哪些职业或工作之外，还要考虑所在的企业可能提供哪些岗位，是否有适合的岗位。如果所在的企业没有适合的岗位（美容行业企业岗位详见单元四的任务一），或者说所在的企业不可能提供适合的工作岗位，就应该考虑换工作了。

2. 职业通路

企业的管理者有责任给员工适合的职业通路，只有这样，企业才能人尽其才，员工才能尽其所能。

案例导入 2-8

表 2-2-1 给出企业员工-创客发展路径。

表 2-2-1 员工-创客发展路径

晋升阶梯	成长周期（月）	成长途径	薪酬目标（万/年）
新员工（岗前培训）	1~2	新人	免费
见习美容导师（岗位工作）	6~9	金种子岗位	3~5
美容导师	18~24（约2年）	核心岗位	6~10
区域经理	12（约1年）	管理岗位	10~15，另有分红
创客计划	6~12	创客考核目标	15~20，另有分红
创客发展（开店/开公司）		创客起航	30~100

注：(1) 薪酬目标仅供参考，并不代表行业标准，切勿对号入座。
(2) 创客福利包括：①假期福利；②星级福利；③学习福利；④折扣福利；⑤生日福利；⑥节日福利；⑦分红福利；⑧旅游福利；⑨产品福利；⑩工龄福利；⑪六险福利；⑫礼金福利；⑬考证福利；⑭餐补福利。

案例分析 2-8

这是一家企业新员工的职业发展通路，有规划目标、有发展路径、有成长周期，从基础岗位员工到自己做老板大约有5年的时间，可以让员工明晰地了解这5年里能够做什么、能够得到什么。这份员工-创客发展路径是一份企业和员工双赢的规划。作为员工，希望就在眼前，可以甩开膀子干一番事业；作为企业，还会担心员工流失吗？

二、如何创建自己的职业规划

（一）职业生涯规划的方法

许多职业咨询机构和心理学专家进行职业咨询和职业规划时常常采用5个"W"模式。这一模式提出5个"W"：Who are you（你是谁）？What do you want（你想干什么）？What can you do（你能干什么）？What can support you（环境允许你做什么）？What can you be in the end（你最终的职业目标是什么）？在回答了这5个问题、找到它们的答案之后，你就有了自己的职业生涯规划。

第一个问题为"你是谁？"，应该对自己进行深刻的反思，清醒地认识自己的优点和缺点。

第二个问题为"你想干什么？"，这是对自己职业发展的心理趋向检查。每个人在不同阶段的兴趣和目标并不完全一致，有时甚至完全对立。但随着年龄的增长和经历的丰富而逐渐固定，并最终锁定自己的终身理想。

第三个问题"你能干什么？"，这是对自己能力与潜力的全面总结，一个人的职业定位最根本归结于能力，职业发展的空间大小则取决于潜力。对于一个人潜力的了解，应该从几个方面认识，如对事的兴趣、做事的韧力、临事的判断力以及知识结构是否全面、是否能够及时更新等。

在第四个问题"环境允许你做什么？"中，这种"环境允许"在客观方面包括经济发展、人事政策、企业制度、职业空间等；在人主观方面包括同事关系、领导态度、亲戚关系等。主观和客观两方面的因素应该综合起来。有时我们在进行职业选择时常常忽视主观方面，没有将一切有利于自己发展的因素调动起来，从而影响自己的职业切入点。在国外通过同事、熟人的引荐找到工作是最正常也是最容易的。当然我们应该知道，这和一些不正常的"走后门"等有着本质的区别，这种区别就是"环境允许"是建立在自身能力基础之上的。

明晰了以上4个问题，就会从各个问题中找到对实现有关职业目标有利和不利的条件，列出不利条件最少、自己想做而且又能够做的职业目标，那么，第五个"最终的职业目标是什么？"的问题自然就有了清楚的框架。

通过回答上述5个问题，可以列出自我职业生涯计划，形成个人发展计划书，通过系统的学习、培训、工作逐渐积累经验，实现自己理想的职业目标。

个人发展计划书首要选择一个单位，然后分析自我，预测自我在单位内的职务提升步骤，个人如何从低到高逐级而上。例如，可以从见习美容导师做起，在此基础上努力熟悉业务领域、提高业务能力，最终达到美容顾问、店长、市场总监、技术总监、美容教师或培训师的理想职业目标；有必要的话，还可以预测工作范围的变化情况、不同工作对自己的要求及应对措施；还可以预测可能出现的竞争、自己如何相处与应对等。另外，如果在发展过程中出现偏差或者不适应工作或者被解聘，自己应该如何改变职业方向。

（二）职业生涯规划的调整

职场上常说，"计划赶不上变化"。针对自己碰到的问题，需要及时调整发展规划。一成不变的发展计划有时形同虚设。

根据职业方向选择一个对自己有利的职业和得以实现自我价值的平台，是每个人的良好愿望，也是实现自我的基础，迈出这一步需要信心和勇气。就人生第一份工作而言，它往往不仅是一份单纯的工作，更重要的是它会使你了解职业、认识社会，在一定意义上它就是"职业启蒙老师"。

提醒大家人生成功的秘密在于机会来临时你已经准备好了。对于任何人来说，机遇都是平等的，千万别在机遇面前说抱歉。

三、如何落实自己的职业规划

在确定了职业目标后,行动便成为关键的环节。没有达成目标的行动,目标就难以实现,也就谈不上事业的成功。这里所指的行动,是指落实目标的具体措施,主要包括工作能力、职业资格、潜能开发等方面的措施。

(一) 工作能力

在工作能力方面,计划以怎样的心态、采取哪些措施提高工作效率,这是落实职业规划的关键,要拿出具体的计划和明确的措施。

(二) 职业资格

计划学习哪些知识、掌握哪些技能来提高业务综合能力?同样需要拿出具体的计划和明确的措施,并且这个计划需要更加具体可操作。

关于美容行业职业资格,国家已经建立明确的等级标准。

职业资格证书的作用如图2-2-1所示。

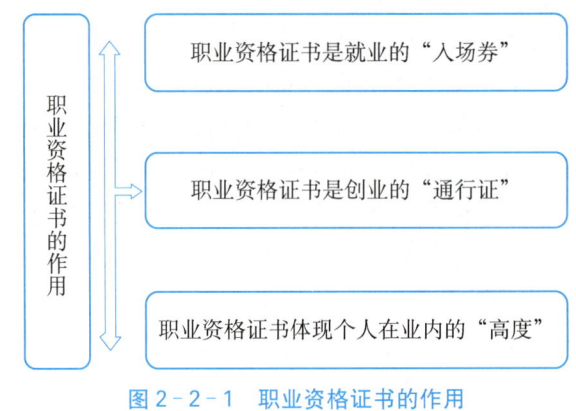

图2-2-1 职业资格证书的作用

美容行业国家职业资格等级如图2-2-2所示。

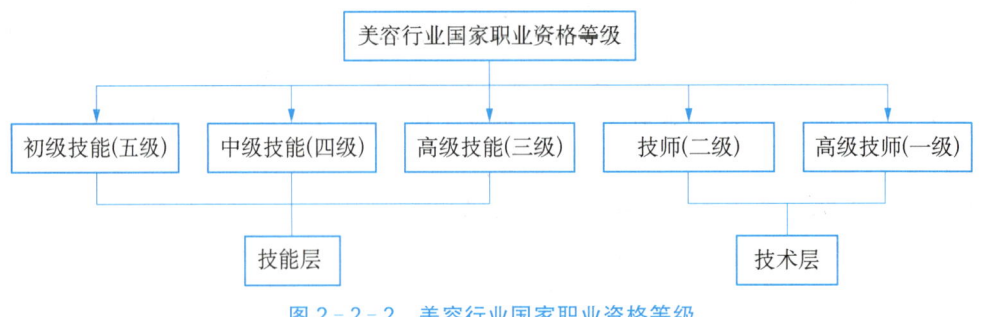

图2-2-2 美容行业国家职业资格等级

(三) 潜能开发

采取哪些措施开发潜能？对于没有工作经历的职场新人来说，对自己潜能的开发是比较模糊的，但一定要意识到每个人都有自己的潜能，只要措施得当、环境适合就会发现自己的潜能无限。

情境分析 2-2

学到这里我们应该清楚在小白的职业生涯规划中问题出在哪里。小白写下的不是一份职业规划，而是一份学习计划，企业看了这份"规划"一定头都大了，这意味着企业允许你带薪学习，这对其他员工并不公平。所以，小白的职业规划有两个突出问题：一是定位不清，把自己当成企业的"局外人"，这也是学生为什么很难融入企业的主要原因；二是职业通路模糊，除了学习看不出你想做什么。大家来看下面的这份《我的职业生涯规划》。

案例导入 2-9

《我的职业生涯规划》

我是一名医学美容技术专业的大学生，从自己走进校园的那一刻开始，就对未来有着无数美好的憧憬。在每个人生发展的过程中，其发展过程都是独特而又丰富多彩的。一生的时间不能重复，那么，在不可重复的今生必须要为自己的职业生涯做好一份可行的规划，并按照规划好的方向前行。

1. 自我认识

（1）性格。我是一个活泼开朗的女生，有点不拘小节，爱结交朋友。由于开朗的性格，让我成为闺蜜中倾诉的对象。

（2）兴趣。我的爱好广泛，喜欢舞蹈，喜欢画画，喜欢手工，还喜欢轮滑，喜欢去不同的地方，体验不同的风土人情。

（3）不足。我什么东西都会一点，但是却不精通，而且认定的事情很难改变。（教师批注：其实这是优点。）

2. 自我定位

（1）岗位。在一家连锁企业做美容师。

（2）原因。我喜欢动手的工作，能够从动手中找到成就感，从动手中发现自己的不足。另外，我也喜欢说话，能够与顾客直接沟通，可以丰富自己的经历，更好地完善自己。

3. 职业规划

我的职业规划是5年。

（1）第一年。进入企业，用1~3个月的时间熟悉企业，让自己的操作水平达到企业标准;与领导和同事沟通,建立良好的人际关系;掌握与顾客沟通的技巧;完成个人业绩目标。一年内成为被顾客、领导和同事认可的合格美容师。

(2) 第二和第三年。工作稳定,争取晋升(包括岗位或级别晋升),收入能够达到企业中、高水平,为父母减轻压力。

(3) 第四年。创业,开一家属于自己的、有自己独特风格的美容会所(院)。

(4) 第五年。建立良好口碑,保证收入稳定,准备开第一家分店。

结束语

成功不相信眼泪;未来要靠自己打拼。从基础做起,一步步实现自己的规划。

案例分析 2-9

这是一名医学美容技术专业在校学生写的职业规划,比较接地气,也是切实可行的。这是一份工作规划而不是学习计划,企业欢迎这样的员工,也愿意给她机会,相信她可以实现自己的规划。

四、训练与感知

(一) 面试

1. 活动目的

(1) 促进学生的角色转换。
(2) 更深入地了解学生,以利于就业指导和岗位安排。

2. 模拟面试场景

面试经理 3 人;招聘岗位为美容师、美容导师、咨询师。

3. 面试准备

面试资料一份(职业生涯规划);演讲 PPT;面试现场职业装。

4. 面试形式

讲述自己的职业生涯规划(5 分钟);面试经理围绕职业生涯规划内容和岗位特点提出 2~3 个问题(5 分钟)。

5. 面试评分细则

面试的评分细则见表 2-2-2。

表 2-2-2　面试评分细则(总分为 100 分)

面试内容	面试要点	配分	评分标准	扣分	得分
职业形象 (20 分)	职业着装	2	服装合体(1 分) 整洁(1 分)		
	上妆自然、流畅、均匀	10	眉毛(2 分) 眼影(2 分) 睫毛(2 分) 口红(2 分) 粉底(2 分)		
	职业礼仪	8	步态(2 分) 站姿(2 分) 微笑(2 分) 礼貌(2 分)		
职业规划讲述 (20 分)	讲述个人职业规划	6	声音洪亮(2 分) 吐字清楚(2 分) 表情自然大方(2 分)		
		6	重点突出(2 分) 观点明确(2 分) 观点正确(2 分)		
		8	举例恰当(2 分) 结合 PPT(多媒体)(2 分) 使用肢体语言自如(2 分) 时间掌控良好(2 分)		
职业规划设计 (30 分)	制作职业规划书	18	逻辑性强(3 分) 主题突出(3 分) 观点正确(3 分) 标点符号使用准确(3 分) 无错别字(3 分) 语句流畅(3 分)		
	PPT 制作	12	PPT 制图有创意(3 分) 表意清晰(3 分) 表意切实可行(3 分) 有一定的说服力(3 分)		
面试提问 (30 分)	回答问题	30	回答问题没有所答非所问(5 分) 回答问题清晰(5 分) 回答问题有理有据(5 分) 有说服力(5 分) 回答问题简洁明了(5 分) 重点突出、真实(5 分)		
	合计	100			

(二)信任与感恩

1. 活动目的

培养建立相互信任和感恩的心态。

2. 参加人数

全体人员参加。

3. 活动时间和场地

活动时间50分钟,讨论时间30分钟;活动场地为可以布置相应障碍物的场地。

4. 活动道具

作为障碍物的道具(如桌椅、阶梯等);音乐《感恩的心》;眼罩、口罩。

5. 活动规则和流程

(1)分成相同人数的甲乙两组。甲组戴上口罩,并且在活动结束之前不能说话,不能发出任何声音,每位队员要带领一位2组组员通过有障碍的一段路;乙组戴上眼罩,需要跟随甲组不能说话、不能发出任何声音的队员共同通过有障碍的一段路。

(2)活动开始,乙组队员戴上眼罩,甲组队员戴上口罩。甲组队员分别"认领"一名乙组队员,跟着培训师通过设有障碍的路段。排好队,前后距离约为1米。

(3)到达终点后,培训师指挥甲组和乙组坐到不同的区域,不能说话,也不能摘下眼罩。等全体队员都到达终点后,乙组队员取下眼罩(不要马上睁眼)。

(4)甲组队员坐着不言不动,乙组队员起身到甲组区域,寻找刚才带领他通过有障碍路段的伙伴。找到后两个人便坐到一起,相互交流,分享刚才的经历(鼓励相互拥抱)。

(5)推荐一对搭档上台发表感言,大家要给予掌声。

(6)音乐响起,大家共同随着音乐开始做手语操,不拘于队形。

6. 注意事项

在整个活动过程中,每个队员的手机必须上交、统一保管。

这个活动可以增进同学们之间的感情,激发彼此产生交流的愿望,培训师应该适时进行引导。

小白疑问 2-2

我一定要按照自己写的职业规划去做吗?

复习思考题

1. 简述自己的职业定位及原因。
2. 以"我的职业生涯规划"为主题进行讨论。
3. 撰写自己的职业规划书。

单元三
美容行业职业素养

学习目标

1. 了解职业素养的内涵。
2. 培养良好的职业信念和正确的职业价值观。
3. 明确个人职业素养的培养标准。

情境导入 3-1

　　小白通过学习对美容行业有了进一步了解,对自己未来的职业规划有了一定方向。为了让自己对美容行业及未来的职业有更多认知,她经常阅读相关书籍。她发现在很多与美容服务相关的书中都强调职业素养在职业活动中的重要性,于是小白向老师请教:"职业素养包括哪些内容?如果没有良好的职业素养,真的会对自己的职业生涯以及企业带来很大的影响吗?"老师根据小白的问题讲了一个故事。

案例导入 3-1

　　美容师 A 今年 18 岁,在美容师岗位工作有 3 个多月。她性格活泼开朗,美容操作技术也不错,善于与顾客沟通,很受顾客欢迎。作为服务行业,公司明令员工遵守职业道德,禁止泄露顾客隐私,并在各种会议上反复强调,可是美容师 A 一直不以为然。X 女士与 Y 女士都是美容师 A 的顾客,在一次与 X 女士沟通的过程中,她谈兴正浓,不小心将 Y 女士在本店所做的护理内容全部讲了出来。美容师 A 并不知道 X 女士是 Y 女士的朋友,结果 Y 女士很快知道这件事情,她大发雷霆,投诉美容师 A 没有职业素养、不遵守职业道德、侵犯顾客的隐私权。后来美容师 A 当面向 Y 女士真诚地赔礼道歉,并给予补偿后才平息了这一风波。但是美容院也因美容师 A 的过失而失去了 Y 女士这个顾客。

　　这个故事说明了什么问题?它能够解答小白的疑问吗?

任务一 认知职业素养

职业素养是指职业内在的规范和要求,是个体在职业活动过程中表现出来的综合品质。良好的职业素养包含良好的职业道德、积极的职业信念和正确的职业价值观,是每一个职业人必须具备的核心素养。

一、职业道德

情境分析 3-1

说起职业素养,很多人都简单地以为是礼节、是微笑、是一身漂亮的职业装,其实职业素养是由内到外、发自内心地对别人的尊重。故事中的美容师A太年轻,她没有真正地理解职业素养的内涵,才会侵害了顾客的隐私权而不自知。在美容行业,美容会所(院)若需要采用顾客某些个人信息时,一定要征得顾客同意之后方可执行,切忌私自泄露顾客的信息。这是最基本的职业道德。

(一)什么是职业道德

道德是依靠教育、社会舆论、传统习惯等力量去调整人与人、个人与社会之间关系的一种特殊的行为规范。

职业道德是社会道德在职业生活中的具体表现,是从事一定职业的人在工作和劳动过程中所遵循的与其职业活动紧密联系的道德原则和规范的总和。

职业道德既是对本行业人员在职业活动中的行为要求,又是行业对社会所负的道德责任与义务。由于职业不同,人们在特定的职业活动中形成各自特殊的职业行为规范及道德要求。

(二)美容行业职业道德

中国在几千年的历史发展中积累了丰富的职业道德规范,如教师的师德、艺人的艺德、医生的医德等,各有特定的内容和要求。美容行业虽然发展的时间不长,但与其他行业一样,拥有自己的道德原则和行为规范。这种在美容工作中必须遵循的道德原则和行为规范就是美容行业的职业道德。

(1)遵纪守法,敬业爱岗。遵守国家相关的法律法规,遵守企业的规章制度,热爱美容行业,把美容工作作为自己终生追求的事业,尽职尽责地做好自己的本职工作,励志为中国美容事业的发展做出贡献。

(2)礼貌待客,热忱服务。对待顾客礼貌热情,服务耐心细致。

（3）认真负责，团结协作。对工作认真负责，对同事善于团结、协作，努力创造和谐向上的团队氛围。

（4）实事求是，诚信公平。尊重事实，言而有信。将顾客的需求和利益放在首位，不能为了追求经济利益而擅自扩大服务范围，夸大美容效果，欺骗顾客。对待顾客应该一视同仁，不厚此薄彼。

（5）努力学习，钻研技术。努力学习新知识、新技术，保持最高的专业水平。对技术精益求精，不断钻研，提高综合素质。

案例导入 3-2

美容师 A 在一次为顾客 X 服务时，发现顾客 X 非常富有，她的名牌包、香水、服饰、手机等，让美容师 A 心生羡慕。顾客 X 做完美容后，有事匆忙离开美容会所。美容师 A 在收拾美容床时发现顾客 X 把手机落在美容床上，看着这款自己心仪已久的手机，美容师 A 瞬间心起贪念，她看周围正好没有其他人，就把顾客 X 落下的手机偷偷地藏了起来。顾客 X 回到家发现自己的手机不见了，返回美容会所寻找，问美容师 A 有没有看到，美容师 A 肯定地说没有看到，而且物品清单顾客 X 也已经签了名。顾客 X 经过认真回想，非常肯定地说手机就是落在美容院。双方争执无果，顾客 X 报了警。经警方调查、询问和排查，嫌疑最大的就是美容师 A。在多方压力下，美容师 A 不得不承认是自己偷藏了顾客的手机。结果美容师 A 因触犯法律而被依法惩处。她除了要将手机归还给顾客 X 之外，还要承担刑事处罚。

案例分析 3-2

从职业素养的角度来讲，这位美容师 A 在职业活动中没有做到遵纪守法、诚信待人，没有把握住自己的欲念，更没有良好的职业信念，一时贪心，触犯法律，得到应有的惩罚。其实从上面两个案例中我们不难看出，从业者的职业素养不仅代表个人的素质和德行，更加体现企业的管理水平。这类事件对个人来讲，轻者造成经济损失，重者丢掉工作，甚至坐牢；对企业来讲，失去顾客的信任，损失是无法估算的。

二、职业信念

职业信念是职业素养的核心。良好的职业信念是由爱岗、敬业、忠诚、奉献、积极、乐观、用心、合作及始终如一组成。职业信念的树立，决定了一个人职业素养的高度。

(一)遵纪守法、爱岗敬业的信念

1. 遵纪守法

工作中要遵守法律、法规与企业规章制度,是职业人的基本信念。俗话说:"没有规矩,不成方圆。"做人也是如此,在法律、法规允许范围内发挥自己的才干,才会得到社会的认可。遵纪守法、遵守规章制度是一个人良好职业素养的重要表现。

2. 爱岗敬业

对爱岗敬业通俗的理解就是热爱自己的岗位,把工作当成自己的事业,工作过程精益求精。其实这就是敬业精神。如果做一份热爱的工作,工作过程就会充满快乐,就会把它当成自己的事业,忘记时间,忽略回报,这种精神难道不是最高境界的职业素养吗?

(二)忠诚、奉献的信念

1. 忠诚

忠诚代表诚信、守信和服从。对企业、对工作真心诚意、尽心尽力,没有二心;做人、做事忠诚老实,是职业素养的核心。

2. 奉献

奉献是对自己事业的不求回报地爱和全身心地付出,是社会责任感的集中表现。奉献是一种态度,是一种行动,更是一种精神。

赠人玫瑰,手有余香。一句问候、一个微笑、一个赞许、一个举手之劳的帮助,都会让人感到温暖甚至欣喜。奉献方便了别人,提升了自己;奉献激励了他人,鼓舞了自己;奉献是源自内心的感恩;奉献是一种力量,在这种力量的推动下,把本职工作当成一项事业来热爱和完成,从平凡工作中寻找乐趣,努力做好每一件事;奉献就是用真诚感染身边的每一个人,共同编织出职业生涯的美丽蓝图。

> **案例导入 3-3**
>
> 员工A进入企业时刚中专毕业,企业还是一家只有6张美容床的小店。A虽然无法预估美容行业将来的发展趋势究竟会怎样,但她知道这是自己的一份工作,必须一心做好,自己作为外行必须努力学习专业知识与技能,扎扎实实地练好基本功。店里的经济支柱是顾客,自己必须把每一个顾客当作衣食父母。
>
> 23年来A从没有动摇过自己的信念。她所在的美容院从6张床的小店,发展为上千平米的会所,由一家店发展到多家店,她自己也从美容师到顾问到店长再到连锁企业高管。其中的变迁浸入她的汗水、她的青春、她的忠诚与奉献。企业中没有一个人不敬佩她。她用不变的职业信念,忠诚奉献企业,忠诚奉献顾客,刻苦钻研专业知识和专业技能,一步步紧跟企业的发展,从而收获了属于自己的事业。

案例分析 3-3

职业信念决定了一个人职业素养的高度。案例中的员工 A 在 23 年来没有动摇过自己的职业信念,做到了遵纪守法、敬业爱岗、忠诚、奉献,一心一意做好自己的本职工作,心无旁骛,脚踏实地,始终如一,收获了属于自己的事业。对于个人,A 得到了荣誉和财富;对于企业,企业得到了持续的发展和难得的人才。这就是信念的力量。

(三) 积极乐观的信念

人生不会一帆风顺,职业生涯也是如此,在发展过程中会遇到很多困难、委屈、责备、不如意等。只有保持积极乐观的心态,才能帮助我们面对困难、忍受委屈、正面各种责备和不如意。如何保持积极乐观的心态呢?

(1) 永远充满希望。培养积极的世界观,保持健康的体魄,凡事努力往好处想。

(2) 发现每件事的长处。习惯从事物中看到优点,就会认为事物大多都是美好的。

(3) 相信自己。要经常自我肯定,告诉自己是最棒的,能够做好每一件事。

(4) 淡泊名利。少点想法,多点轻松;少点废话,多用心去看、去听、去感受;不过分追求个人名利。

(5) 乐于助人。不计较个人得失,肯向别人伸出援助之手,是内心积极强大的表现。

(6) 保持积极乐观的信念。积极乐观的心态是需要不断调整的,要敢于面对困难和挫折,主动保持积极乐观的信念。

(四) 用心、合作的信念

1. 用心

用心是指集中注意力,使用心力做事。在工作中,用心是一种责任,是一种执着,是一个竭尽所能的过程。用心更是一种态度,是一种积极主动、乐观向上的工作态度;是一种脚踏实地、兢兢业业的工作态度;是一种竭尽全力、追求完美的工作态度。对工作负责,才能进入用心的状态。把心放在工作上,对过程和结果负责;把工作放在心上,责任止于"我"。

快乐工作是用心做事的最高境界。认真只是照章办事,用心则是把事情做得更好;用力只是苦干,用心则是创造性地做事。从创造性地做好工作中获得快乐,才能达到用心工作的最高境界。

2. 合作

合作就是个人与个人、群体与群体之间为达到共同目的,彼此相互配合的一种联合行动。

(1) 合作的基本条件。合作有以下 4 个基本条件:

① 具有一致的目标。任何合作都要有共同的目标,至少是短期的共同目标。

② 具有统一的认识和规范。合作者应对共同目标、实现途径和具体步骤等,有基本一致的认识;在联合行动中,合作者必须遵守共同认可的社会规范和群体规范。

③ 具有相互信赖的合作气氛。创造相互理解、彼此信赖、互相支持的良好气氛是有效合作的重要条件。

④ 具有合作的物质基础。必要的物质条件（包括设备、通讯和交通器材工具等）是合作能顺利进行的前提，空间上的最佳配合距离、时间上的准时和有序等，都是物质条件的组成部分。

(2) 合作的类型。按合作的性质，可以分为同质合作与非同质合作两种。

① 同质合作，即合作者无差别地从事同一活动。例如，大家一起打扫某个环境的卫生。

② 非同质合作，即为达到同一目标，合作者有所分工。例如，在美容会所为了留住一位顾客，美容师通过精湛的技术操作，美容顾问通过专业的沟通，让顾客从认可到信任，最终成为美容会所的老顾客。

作为一个职业人，能够与他人、团队良好合作，是愉快工作、完成工作任务的基本素养。

案例导入 3-4

在自然界不仅人的生存需要相互合作，很多小动物之间也是通过相互合作而生存的。下面是小动物之间相互合作的 3 个故事。

1. 蜜獾和导蜜鸟

蜜獾和导蜜鸟是一对好伙伴，它们常常相互合作，共同捣毁蜂巢来满足各自的食欲。野蜂常常把巢筑在高高的树上，蜜獾不容易找到。目光敏锐的导蜜鸟发现树上的蜂巢后，便去寻找蜜獾。为了引起蜜獾的注意，导蜜鸟往往扇动翅膀，做出特殊的动作，并发出"嗒嗒"的声音。蜜獾得到信号，匆匆赶来爬上树木，咬碎蜂巢，赶走野蜂，吃掉蜂蜜。导蜜鸟等蜜獾美餐一顿后，再去独自享用蜂房里的蜂蜡。

2. 海葵虾和红海葵

海葵虾的两只大螯各自夹着一只红海葵，整天东游西荡。一旦遇到危险，海葵虾立即提起红海葵，红海葵便用有毒的触手对付来犯者。这样，海葵虾可以到处觅食而不必为安全担忧，红海葵也只要收集海葵虾吃剩的食物就足可以饱腹。

3. 鳄鱼和燕千鸟

鳄鱼和燕千鸟之间的互惠互利更为有趣。燕千鸟不但在凶猛的鳄鱼身上寻找小虫吃，还进入鳄鱼的口腔中啄食残留的鱼、蚌、蛙的肉屑和寄生在里面的水蛭，帮助鳄鱼清洁口腔。有时鳄鱼把大口一闭，燕千鸟就被关在口中。不必为燕千鸟担心，只要燕千鸟轻轻用喙击打鳄鱼的上下颚，鳄鱼就会张开大嘴让燕千鸟飞出。

案例分析 3-4

在大自然中小动物尚知合作生存，更何况人呢？能够包容他人，用心对待他人，与他人默契合作，是一个人最基本的职业素养。如果没有这种素养，将会很难融入团队，没有团队的力量又能做成什么事业呢？在职场，团队协作是每个员工必须具备的职业素养之一。

单元三 美容行业职业素养

情境导入 3-2

最近公司发生了一件事情,员工A提交了辞职书,并匆匆离开了企业。店长有点困惑,前几天她们还沟通过,A没有任何要离职的迹象,怎么说走就走了?原来A一直在管理中心工作,前段时间公司为了培养储备干部,把A分配到一家会所做美容师。A非常勤奋,想积极融入店内工作。可是A总感觉大家对她有那么一点隔阂。例如,有提成的活儿故意避开她,打扫卫生却让她一个人干。开始A还比较忍耐,后来问题升级,A在向店长反映没有得到解决后,于是她就一怒走人了。问题出在哪里呢?

(五) 始终如一的信念

始终如一就是自始至终一个样子,是指做事、做人能坚持,不管遇到什么困难都不间断。始终如一的信念又被称为意志品质。

1. 意志品质

意志品质是指构成人意志系统心理素质的总和,主要包括自觉性、果断性、自制性和坚持性等。这些意志品质能确保人走向自己确定的人生目标。

(1) 意志的自觉性。自觉性是指个体自觉地确定行动目标,并独立自主地做出决定和执行决定。这反映出一个人在行动中有坚定的立场和始终如一追求目标的意志。

与自觉性相反的表现是易受暗示和独断。易受暗示往往缺乏主见,不会独立思考,只会盲目跟从;独断则是刚愎自用,听不进中肯的意见和合理的建议。

(2) 意志的果断性。果断性是指面对复杂多变的情况,能迅速决策,并强力推进执行决策。具有果断性的人既顾全大局、处事严谨,又果敢坚决、雷厉风行。

与果断性相反的品质是寡断和武断。寡断的人犹豫不决,患得患失,踌躇不前;武断的表现是冲动鲁莽、草率行事。

(3) 意志的坚持性。坚持性是指在执行决策阶段能矢志不渝,遇到困难和挫折能攻难克坚、百折不挠地达到目标。

与坚持性相反的品质是动摇或执拗。动摇是在意志行动刚开始的时候干劲十足,一旦遇到困难就灰心丧气,感觉前途茫茫;执拗是在行动中认准目标后就一成不变地按计划行事,遇到特殊情况或者客观条件发生变化,不能审时度势,总是一意孤行,后果可想而知。

(4) 意志的自制力。自制力是指能够完全自觉地控制自己的情绪,约束自己言行的意志品质。人生活在社会环境中,个人愿望常会同他人或团队的愿望发生冲突,这时就需要按照合格公民的要求来调整自己的行为。具有自制力的人,有很强的法律程序、社会秩序观念,不管遇到怎样的大风大浪或是处于风口浪尖,都能保持牢牢掌控局势的淡定,冷静沉着,从容应对。

与自制力相反的表现是任性和怯懦。任性容易受情绪左右,缺乏理智,意气用事;怯懦表现为在需要采取行动、迎接挑战时却胆小怕事、临阵脱逃。任性和怯懦都是意志不坚定、缺乏自制力的表现。

2. 如何做一个始终如一的人

(1) 谨慎确定切合自己实际的人生目标。每个人都要有人生目标。如何选择和明确自己的人生目标？首先，要弄明白自己的生理、心理素质，特别要清楚自己的兴趣、爱好、特长、气质、性格及天赋，也就是要明白：我喜欢做什么？我能做什么？我做哪方面的事情学得快、有悟性？其次，要谨慎确定适合自己现有条件和人生基础的奋斗目标，不要动不动就说要做什么企业家、企业高管、技术专家等。比较务实的目标是：我喜欢美容，选择学习这门专业，将来努力做一名优秀的美容师，争取在医学美容技术或化妆品营销方面有所创新。这样的人生目标切合实际，经过努力可以实现，于是可以有信心和意志坚持奋斗追求。

(2) 耐得住寂寞，从小事做起。任何一件大事都是由一件件小事构成，不管多复杂的宫殿，都是工匠们一根一根木料地搭、一块一块砖地砌、一片一片瓦地盖才建成的。在日复一日平凡的工作中，养成遵循事物规律和事情程序、勤劳做事的习惯，磨炼自己的自觉性、果断性、自制性和坚持性等意志品质。这种习惯和品质是人生的宝贵财富，需要人生历练和积累。当历练的量积累到质的飞跃时，你就可以担负重任。

(3) 行胜于言。理想要靠实干才能实现。民间有句顺口溜说，"光打雷不下雨，不如回家听小曲"。没有行动，再完美的理想都是空想。所以，一旦确定职业目标，就要立即行动，要做到：日日行，不怕千万里；常常做，不怕万千事。

实现目标是一个漫长的艰难过程。科学家的新发现是长年累月地待在实验室里反复试验、研究，经历无数失败和否定的结果。一个人的职业生涯必定要经历失败与挫折，对待失败与挫折，应该冷静地分析原因、总结教训，避免再犯同样的错误。只有经历过成与败的考验，做到"胜不骄，败不馁"，才能取得最后的成功。

(4) 提高认知，心存信仰。意志品质的优劣与认知水准、情感世界以及个人信仰有着紧密关系。

① 认知与意志品质。认知是意志品质产生的基础。人们只有在认知客观事物的发展规律之后才能确定行动目的，才能为克服困难而付出意志努力。同样，意志对认知过程也会产生重要影响，人的认知活动离不开精细的观察、持久的注意和专注的思考，没有意志的参与，这些都是无法做到的。

② 情感与意志品质。积极的情感，特别是热爱，可以使人持久永恒，对人的意志行动起促进作用；消极的情感，尤其是心中无爱，则会削弱人的意志行动。同时，良好的意志品质可以控制不良情绪的影响，保持积极乐观的心态。反之，意志薄弱的人常常受情绪左右，或者是一次失败就情绪低落、一蹶不振，或者是难以控制不良情绪，导致背离理智的冲动行为。

③ 信仰与意志品质。信仰更能灵修人的意志品质，坚定人的意志行动。一个人有了坚定的信仰，就有了明确的世界观、社会观和人生观，就会按照自己的信仰对世界、对社会、对人生有大彻大悟的价值取向，就会心无旁骛地感应内心的召唤去勇敢、执着地追求真理，坚持朝着人生目标走自己的路、做自己的事。任何诱惑、威胁、恐怖，甚至坐牢、杀头，都动摇不了自己的意志。同时，坚强的意志品质会更加坚定自己的信仰。

所以，一个不论大事小事都能坚持做到最好的人，一个遇到困难仍然能够坚持的人，一定具备意志坚定、持之以恒的职业信念。

单元三　美容行业职业素养

情境分析 3-2

通过上面的学习,我们就会知道员工 A 的问题出在哪里,在职场中这类的事情时有发生。企业是一个小社会,什么样的人都有,什么样的事情都有可能发生。A 的错误是在遇到困境时她选择了逃避,这说明她毕竟年轻,意志品质不够坚定,也表明企业管理存在死角。只要改变其中任何一条,A 都不会离开。改变企业需要过程,我们唯有让自己坚强起来,特别是在遇到挫折的时候,才能做到始终如一。后来企业总经理出面留住了员工 A。希望她能够耐得住寂寞、担得起压力、受得了委屈,走向自己职业生涯的辉煌。

三、职业价值观

俗话说:"人各有志。"这个"志"表现在职业选择上就是职业价值观。它是一种具有明确的目的性、自觉性和坚定性的职业选择态度和行为,对一个人的职业目标和择业动机起着决定性的作用。

由于个人的身心条件、年龄阅历、教育状况、家庭影响、兴趣爱好等方面的不同,人们对各种职业有着不同的主观评价。从社会来讲,由于社会分工的发展和生产力水平的不对等,各种职业在劳动性质、在劳动难度和强度、在劳动条件和待遇、在所有制形式和稳定性等诸多问题都存在差别。再加上传统思想观念的影响,各类职业在人们心目中的声望、地位也就有了好坏、高低之见,这些评价都会影响人们的职业价值观,从而影响人们对就业方向和具体职业岗位的选择,决定人们就业后的工作态度和劳动绩效水平。所以,哪个职业更好些?哪个岗位更适合自己?从事某一项具体工作的目的是什么?这些问题都是职业价值观的具体表现。

四、提高职业知识技能

职业知识技能是干好工作必须具备的专业知识和能力。俗话说:"一技傍身,终身无忧。"扎实的专业知识,精湛的操作技术,是一个人最好的职业素养。如果我们有远大的理想、坚定的信念,却什么都不会做或什么都做不好,那就真成了心有余而力不足了,所以,在修炼自己职业素养的过程中,千万别忽视了掌握一门技能。

五、培养良好的职业行为习惯

职业行为习惯就是在职场上通过长时间地学习和改变而形成的一种职业行为,最后变成一种习惯的职场综合素质。

心念可以调整,技能可以提升。要让正确的心念、良好的技能发挥作用就必须不断地练习、练习、再练习,直到成为习惯。它们会从个人的一颦一笑、一举一动、言谈话语、工作状态中体现出来,成为个人素养的组成部分。

六、训练与感知

(一) 排球赛

1. 活动目的
(1) 感知团队协作的必要性。
(2) 感知专业技术水平对团队活动取胜的影响。

2. 参加人数
全体学员,1名教师。

3. 活动时间和场地
活动时间40分钟;活动场地选择标准排球场。

4. 活动道具
1个排球。

5. 活动规则和流程
(1) 组队:6人一队(其中1队为会打排球的人,其他队随机)。抓阄确定比赛顺序。
(2) 按照排球赛规则比赛(教师做裁判)。每场只计5分,输的一组下场,赢的一组继续与新组比赛,依此类推。

6. 活动分享
每组派代表与大家分享排球赛的感想。
(1) 谈谈对团队协作的感想。
(2) 评价自己所在一队队员的技术水平,比赛后有什么感悟?

(二) 传话

1. 活动目的
感知闲话的"真实性",不相信小道消息,不做传闲话的人。

2. 参加人数
全体学员,2名教师。

3. 活动时间和场地
活动10分钟,分享10分钟,讨论20分钟;活动场地为教室。

4. 活动道具
教师准备两张写有传话内容的纸条(注意传话内容的难易度适中)。

5. 活动规则和流程
(1) 分组:分为两组,每组人数一致。
(2) 教师带领组员一字排开,两组之间要有一定的距离,避免相互影响。
(3) 教师将传话内容用耳语传给第一个组员,然后快速用耳语向后传递,直至最后一名组员(注意传话内容只能说一遍,听到什么就向后传递什么,不用核实),最后一名组员立即大声说出听到的传话内容。

(4) 分享:每组第一个组员和最后一个组员到讲台上与大家分享对传话过程的感受。

(5) 讨论:分两组讨论:"为什么不能相信听说?为什么不能传闲话?"

(6) 讲评:各组组长讲评讨论结果。

小白疑问 3-1

什么样的行为习惯才能称为良好的职业行为习惯?

复习思考题

1. 简述美容行业职业道德。谈谈你对职业道德的理解。
2. 简述职业信念。谈谈你对始终如一的信念的理解。
3. 作为医学美容技术专业的学生,你的职业价值观是什么?
4. 如何养成良好的职业行为习惯?
5. 讨论"职业知识技能在工作中的重要性"。

任务二　在岗位上成长

一个人的职业素养是在职业生涯中磨炼、积累起来的。所以,需要选择一个优质企业作为职业素养的培养基地,有意识地培养自己的职业素养。

一、入职基本条件

我们不能空谈职业素养,培养良好的职业素养的途径就是选择一个优质企业,并认同这个企业,同时以个人优秀的表现被企业认同。只有当个人职业目标与企业目标一致时,职业生涯才会顺畅,才会体现自身的价值,才会有成就感。

(一) 企业可以为我们提供什么

1. 平台

假如一个人具有将军的才能,但他只是个普通百姓,根本没有在战场指挥作战的权力和机会,他所具有的才能根本无处发挥。如果国家封他为大将军,让他领兵出征,他就可以充分发挥自己的军事才能。这就是平台。

在美容行业，企业是我们的平台，在这个平台上，我们可以丰富自己的知识、磨炼自己的技能；在这个平台上，我们可以积累工作经验、发挥自己的才干；在这个平台上，我们可以锤炼自己的意志品质、实现自己的职业目标。如果没有这个平台，我们会怎样？一定是迷茫！所以，企业为我们提供的平台对于我们的职业生涯至关重要。

2. 机会

机会一般是指具有时间性的有利情况。有了平台就有了机会，包括岗位机会、独立工作机会、晋升机会、创新机会等。机会的最大特点就是有时间性，"过了这个村，就没有这家店"，机会是留给有准备的人的。抓住时机是职业价值观的表现。

（二）美容行业入职基本条件

美容行业也是塑造人的行业，无数优秀人才聚集其中。我们凭借什么跻身这个行业并得到企业的认可？美容行业入职有9个基本条件。

1. 能够专注工作

作为一个优秀的职场人员，不要只是停留在"为了工作而工作、为了赚钱而工作"的层面，而是应该站在领导的角度，用领导的标准来要求自己，像领导那样专注工作，即以领导的心态来对待工作，把自己当作企业的主人，随时随地维护企业的利益和形象。

2. 能够迅速适应环境

在就业形势越来越严峻、竞争越来越激烈的当今社会，不能够迅速适应环境已经成为个人素质中的一块短板，这也是无法顺利工作的一种表现。相反，善于适应环境则是一种能力的象征，具备这种能力的人，手中也握有可以纵横职场的筹码。要牢记不能适应环境的人将被淘汰出局。

3. 能够化工作压力为动力

压力是工作中的一种常态，对待压力不可回避，要以积极的态度去疏导、去化解，并将压力转化为自己前进的动力。人们最出色的工作往往是在高压的情况下做出的，思想上的压力甚至肉体上的痛苦都可能成为取得巨大成就的兴奋剂。千万别让压力打垮自己。

4. 能够积极表现自己

在职场中默默无闻是一种缺乏竞争力的表现，那些善于表现自己的人才能够获得更多的自我展示机会。善于表现的人才有竞争力，才能够让自己的能力脱颖而出。把握一切能够表现自己的机会。

5. 能够低调做人，高调做事

工作中要学会低调做人，一次比一次稳健；要善于高调做事，一次比一次优秀。在低调做人中修炼自己，在高调做事中展示自己，这种恰到好处的低调与高调，可以说是一种进可攻退可守、看似平淡实则高深的处世谋略。

6. 能够有目标，有执行力

在工作中，首先应该明确自己想要什么，然后去致力追求。一个人如果没有明确的目标，就像船没有罗盘。每一份富有成效的工作，都需要明确的目标指引。缺乏明确目标的人，其工作必将庸庸碌碌。坚定而明确的目标是专注工作的一个重要原则。

7. 能够自主、自发地做事

善于随时把握机会，永远保持率先主动的状态，并展现积极的工作表现，头脑中时刻牢记"主动就是效率，主动，主动，再主动"的工作理念，同时具备"为了完成任务，能够打破一切常规"的魄力与判断力。不要只做领导交代的事情，工作中没有"分外事"；不是"要我做"，而是"我要做"。

8. 能够做到服从第一

服从上级的指令是职业人的天职，"无条件服从"是要求每位员工必须奉行的行为准则。没有服从就没有一切，所谓的创造性、主观能动性等都是在服从的基础上才能够产生，否则再好的构想也无从得以推广。懂得无条件服从的员工，才能得到企业的认可与重用。我们在工作中要做到服从第一，不擅自曲解、更改上级的决定，凡事多从上级的角度考虑问题。

9. 能够承担责任

没有人能够想当然地就得到一份好工作，这需要靠自己的责任感去争取。工作就是一种责任，在工作中要勇于承担责任。

二、干一行爱一行

每一个初入职场的人都会迷茫，不知道选择的专业是否适合自己；不知道未来的职业环境是否能够适应；不知道自己在工作岗位上是否能够正常发挥；不知道自己能否处理瞬息万变的职场变化。其实，只要深入其中，坚持不懈，努力做到干一行爱一行，一切迷茫都会烟消雾散。

（一）珍惜工作，尊重职业

干一行爱一行是一种工作态度，是一种积累的过程。要在工作中积累经验、积累能力，必须珍惜工作，尊重职业，这是一个人职业生涯的基础。如果不珍惜自己的工作，自己都不尊重自己的职业，所有人生规划必将都是零，还真不如回家待业。所以，当进入企业（单位）时必须做到珍惜手中的这份工作，尊重自己从事的职业，开始自己的职业生涯。

（二）坚守目标，忠诚企业

既然"干一行爱一行"是一种经验、能力的积累过程，就需要坚持这一过程。这一过程日复一日地重复，可能是平淡无奇的日常事务，可能是不得已而为之的压力，如果厌烦和松懈、看不到希望而放弃，结果之前的积累会归零，一切需要从头再来。人生能允许我们有几次从头再来？唯有始终如一的坚持，才会让我们走到职业生涯的顶端。对于企业而言，忠诚比能力更为重要。这是我们每个人顺利开始职业生涯的关键。

三、塑造职业形象

工作的过程就是职业形象的塑造过程。美容行业的职业形象由两部分组成：一是从业者给人的第一印象,二是从业者在工作中逐渐显现出来的内在素养。

(一)塑造第一印象

1. 彬彬有礼
彬彬有礼主要表现在面部表情、举手投足和言谈话语间。

2. 着装职业化
俗话说"人在衣服,马在鞍",职业化主要表现在着装、化妆水平。

3. 具有一定的综合知识水平
综合知识水平主要表现在对专业知识、社会知识的掌握程度和理解水平。

员工的职业形象与礼仪代表企业形象,个人的言谈举止对企业的声誉、形象、效益至关重要。职业形象与礼仪的关键不是如何体现出自己的高雅、美丽,而是找到最好的方式来表达对顾客的尊敬、热情、亲切、友爱和温暖,以此营造更和谐的人际关系;通过文明用语、常用接待语言,让顾客感受到员工的专业、热情并深受感染,从而增进客情关系。

职场箴言

礼仪的最终目标不是去赢得商业合同,而是去建立互利互惠的关系,是为自己赢得尊重和友谊,这种尊重和友谊可能超越很多商业利益。所以,无论你处于职场中的哪个层次,无论你在什么样的环境,都必须记住学习礼仪的最高目标。

(二)修炼内在素养

一个优质企业不仅会提供创造财富的平台和机会,还会提供修炼职业素养的平台和机会。在日常生活中,我们经常会听到这样的惊叹:"从大企业出来的人就是不一样啊!"企业会从职场能力、工作意识、职业心态3个方面修炼员工的内在素养。

1. 修炼四大职场能力
职场要求优秀的员工应该具备多种能力。初入职场必须具备4种能力,这是顺利开始职业生涯的关键。

(1)自主学习能力。所谓自主学习能力,就是自己主动学习的能力。在工作中,没有人告诉你学什么、怎么学,更不会因为你没有学过而宽容你,需要你知道自己要学什么、怎么学;在工作中,不会给你时间去学习,需要你边工作边学习、挤时间去学习。这就是必须具备自主学习能力的原因所在。请牢记只有主动学习、善于学习,才会从工作中找到乐趣,才会找到自己的存在感和价值感,才会产生工作的动力。

(2)与人沟通能力。美容行业是要与人打交道的服务行业。通过沟通,才能获得顾客的信息和需求,才能让顾客了解并接受服务或产品,才能获得顾客的理解和信任。在美容工作中,无论哪个岗位都离不开沟通。所以,一定要磨炼自己勇于开口、准确表达、善于引导的沟通技巧。

(3) 独立工作能力。在企业中工作岗位"一个萝卜一个坑",要有独立工作的能力:独自出差,独自面对客户,独自解决随时可能出现的问题,独自承担压力,独自面对挫折和责难。面对太多的独自,职场新人一定要做好准备必须从思想上斩断依赖的念头。

(4) 团队合作能力。工作中与领导、同事相处,需要能够互相帮助、互相支持、团结协作,共同为一个目标而奋斗。团结就是力量,很多微小的力量凝聚在一起时,会爆发出意想不到的能量。

2. 修炼6种工作意识

有意识地工作与无意识地工作其结果是不同的。例如,对于销售工作,一个有销售意识的员工会在销售前做足功课,不仅熟知产品的特点和性能,还要分析销售对象的各种情况、销售中可能出现的各种状况,这样的员工销售成功率就高;反之,碰钉子的可能性非常大。所以,必须修炼积极主动、责任、保密、时间管理、销售、成本控制6种工作意识。

(1) 积极主动意识。职场上不能有"我是'金子',等着别人来发现"的想法,唯有积极主动地表现、积极主动地思考、积极主动地学习,才是企业所需要的。在日常生活中,由于受生活习惯、周边环境、身体疲劳等诸多因素影响,导致我们会产生不自觉的惰性,引发处事行动缺乏积极主动性,所以,必须学会主动意识层面的管理,保持自己积极主动的工作状态。

(2) 责任意识。责任是一种精神,更是一种品格。责任就是对自己的工作毫无怨言地承担,并认认真真地做好,这就是责任。只有能够承担责任、善于承担责任、勇于承担责任的人,才是可以信赖的人。决定一个人成功的重要因素不是智商、领导力、沟通技巧等,而是责任——一种努力行动、做事情有结果的意识。当进入企业承担某个岗位的工作后,如果缺乏责任意识,是不能胜任这份工作的。企业需要有责任意识的员工。

(3) 保密意识。在职场中每个从业人员都必须具备保密意识,大到企业内部资讯、决策内容、经营战略、产品核心等,小到顾客隐私等,都要守口如瓶。保密是一个人必须具备的基本素养。在工作中,我们会接触到一些属于别人的隐私,不论来自企业内部或是来自顾客,我们都要有保密的意识和义务。

> **案例导入3-5**
>
> ### 侵犯隐私权官司
>
> A女士是一位美容院的经营者。X女士十分在意自己的美丽与健康,她与A女士比较熟识,也是A女士的顾客。
>
> X女士听说A女士的美容院新引进了一个项目——胸部健美,X女士正好有这个需求。关于这个项目,两人聊得很投机,最终A女士以优惠价为X女士办理一个护理套餐,让其提前体验健美效果。
>
> 服务是在封闭空间里进行的。几次体验后,X女士觉得效果确实不错,乳房在挺拔方面得到改善。于是,A女士提议对X女士的护理过程和护理效果定期拍照,用以记录乳房的点滴变化。由于相互间比较熟悉,X女士没有犹豫便答应了。
>
> 新项目的推广并非容易,A女士想通过各种网络渠道加大宣传。一天,微信群中

一个顾客咨询该项目的效果情况,为了说服顾客,A女士情急之下没有经过X女士的同意,便将未经处理的X女士乳房护理过程照片发到微信朋友圈。X女士在微信朋友圈发现了这张照片,仔细查实才知道,这是自己在美容院丰胸时被拍摄的。她感觉很气愤,未经同意A女士就使用自己的隐私照片,显然侵犯了隐私权。X女士将美容院告上法庭,法院宣判:美容院未经顾客允许,用顾客照片做宣传,侵犯了隐私权。经法官调解,A女士同意赔偿X女士,并在该微信群中向X女士赔礼道歉。

案例分析3-5

许多职场人法律观念淡漠,在经营过程中常会想当然做事,这在以前也许行得通,但是现今社会随着人们法律意识的加强,很可能会在无意识中触犯法律。A女士的错误一定要引以为戒。保密意识在美容服务过程中非常重要,一方面是企业经营细则需要保密,这关系到企业的竞争与生存;另一方面是顾客信息需要保密,这关系到个人利益和安全。再说做人,如果喜欢说人长短,也是内在素养不高的表现。所以,在职场保密意识非常重要。

(4) 时间管理意识。时间对每个人都是公平的,但是在同样的时间内,有人表现平平,有人则取得卓著的工作业绩,形成这种反差的根源在于每个人对时间的管理与使用效率方面存在着巨大差别。因此,要想在职场中具备不凡的竞争能力,应该先将自己培养成一个时间管理高手,要善于管理时间,学会统筹安排时间。不仅从大处统筹自己的职业生涯发展时间;还要从小处统筹自己在每日生活、工作等各个环节的运作时间,不要让时间在无所事事中悄悄地流逝。

(5) 销售意识。销售意识就是销售态度。要让自己知道,不是为了完成自己的销售任务和指标,也不是为了纯粹赚取中间的差价和提成来向顾客进行推销的,而是为了顾客的需要、为了解决顾客的问题。有了这种态度,在与顾客面谈时,自己内心深处才不会有胆怯的想法。即使受到客户的刁难和拒绝也不要气馁。销售意识还包括角色换位思考。先将自己想象为顾客,站在顾客的角度想想他们到底需要什么,如果他们没有这个需要,即使努力一万年也不会有结果,越努力挫败感越强。"做正确的事比正确地做事要重要得多。"

(6) 成本控制意识。树立员工的成本意识,就是要使员工懂得:成本是可以控制的,成本管理需要大家的共同参与,并在工作中时刻注意节约成本。成本是企业的命脉,成本控制不好,浪费大,企业入不敷出,会造成企业无法生存。企业的生存关系到员工的切身利益,员工的职业规划进展必将受到影响。所以,一个优秀的员工必须要有成本控制意识,工作中的每一个环节都要有成本控制意识体现。例如,随手关灯,保证工作效率,有意识控制办公成本,等等。

① 效率成本。效率和成本是相关的。例如,原本1小时能够完成的会议耗时3小时,如果平均小时工资为20元/小时,10人参加会议的话,效率成本损失为400元。

在工作中对经手的某项工作进展应及时主动通报,这是基本的规矩。很多时候需要反复追问,被催的人往往以"在等其他部门……","太忙了,没有时间……","忘记了……"等理由搪塞,还有的是逃避,"这件事好难,要不领导解决吧?","那件事是×部门的事情,和我无关"。不能主动寻找协同解决问题的思路和办法,这些最终都会转化为企业的成本。

② 失误成本。失误和成本也是相关的。失误会导致效率成本损失,并产生返工的成本或造成财产损失。工作中不可避免失误,但是如何能够减少失误呢?第一,要坚持按制度和标准做事。第二,要建立确认文化,不清楚的内容务必确认,争取一次把事情做对。一旦做得不对,要及时改正,将损失降到最低,不要过分顾及面子。第三,工作是最好的老师,在工作中总结提高。第四,学习他人的长处和经验,避免失误发生。

③ 资产成本。要充分使用企业现有资源,包括人力资源、办公设备资源、物料资源、文化资源等。当有人力资源需求时,通过内部调配满足需求;使用办公设备时要爱惜,要遵循使用规则;在使用消耗材料时要遵照标准用量,不能浪费;企业文化资源是我们与顾客交流的最好载体,要充分加以应用。

④ 费用成本。"钱要用到刀刃上。"对于可以避免的业务费用、办公费用和维修费用,就是两个字——"不花"。办公文件和记录表各个部门可以共享;有些记录能使用电子文档进行管理的,就不必打印;在允许的情况下使用双面打印,或是使用一面已使用过的废纸进行打印或复印;在允许的情况下,几份不同类型的记录共用一个文件夹;用量大的表单在确认无误后再实施印刷;上墙文件在确定前要充分评估必要性等。

⑤ 采购成本。首先,要做好合格供应商的评估,确保品质和服务;其次,对维修物料、分包业务要做到货比三家;最后,要做好采购计划,充分评估采购的必要性,缩短采购周期,加快库存周转。

案例导入 3-6

×美容会所为提高美容师服务质量及顾客满意度,专门设立了调配吧,并设立了专人专职岗位,企业高管们为此心中忐忑,担心增加了人力成本,却达不到好的效果。

调配吧成立两个月后,美容师及店里员工反馈非常好:因为有专人调配产品后,美容师的服务时间大大节省,而且在服务过程中避免了老往外面跑的现象,美容师能够更专心地为顾客做好服务,而且有更多的时间与顾客沟通。在短短的两个月内,由于服务质量提升,顾客到店率提升了15%,在产品消耗上竟也节省了11%。企业高管们都乐了。

俗话说,"小数怕细算",以前在服务时由于不想让顾客等太久,美容师调配产品时经常会出现急、忙、乱现象,加之没有标准量具,导致产品无法在可控范围内适量调配,会出现多调(造成产品浪费)或少调(造成客人效果不满意)等现象。天长日久,不仅产品消耗量无法把控,而且还积累了顾客的怨气。设立调配岗位时,企业高管们首先考虑的是人力成本增加,多了一个人就要多出一份工资。实践证明,设置调配岗位控制了产品用量,降低了消耗成本,更重要的是赢得了顾客。

> **案例分析 3-6**
>
> 美容会所设立调配吧,看似增加了人力成本,但节省了美容师的服务时间。同时,以规范产品用量来降低消耗成本、提高顾客满意度,充分体现了美容会所的管理高度。

3. 培养两种职业心态

好的心态是营养品,会滋养人生,会帮助我们积累小自信、成就大雄心,积累小成绩、成就大事业。在职场中不能由着自己的情绪,用个人心态来代替职业心态。良好的职业心态是优秀职业人的标志。

(1) 阳光的心态。阳光心态来自热爱,爱家人、爱生活、爱工作。人生最大的成功是有一份热爱的工作、一个温暖的家庭。然而,这份热爱的工作、这个温暖的家庭是需要用好心情去经营的。凡事往好处想,放开胸怀容纳天下事,是培养阳光心态的基础。职场究竟是阳光灿烂,还是阴雨绵绵,最终是由我们的心态决定的。

(2) 为自己工作的心态。当你拥有第一份工作的时候,你开始体现自己的人生价值;当你努力做好一份工作的时候,你在使自己的人生价值升值。只有懂得工作是为自己的人,才能真正懂得工作是多么快乐、生命是多么有意义。

在职场很多人都会有"我不过是个打工的"的想法。这样的职业心态,会让很多人错失宝贵的机会。成长经验告诉我们:不要仅仅为薪水工作,应该为自己的梦想而工作,为今后的前途而工作,为未来的人生而工作。一句话就是"你在为自己工作"!

每个人都具备优秀员工的发展潜能,都会有被委以重任的机会。能否从平凡的工作中脱颖而出,一方面取决于个人的才能,另一方面则取决于个人的进取心。职场仅为那些努力工作的人大开绿灯。一个人如果拥有为自己工作的心态,命运将会给你巨大的回报。记住"你不仅是在为企业工作,更是在为自己工作"。

> **案例导入 3-7**
>
> ### 3 个石匠的故事
>
> 3 个石匠在挥汗如雨地工作着。一个人愁眉苦脸;一个人紧锁眉头;一个人却哼着小曲,眉飞色舞。有个路人很好奇,过去问他们:"你们在做什么呢?"第一个人疲惫不堪地回答:"凿石头啊,从早忙到晚,累呀!"第二个人抬头看了看,叹口气说:"我正在做石头雕像。没办法,谁让我有妻子有孩子,他们需要吃饭啊!这活儿我不喜欢,但它酬劳很高。"第三个人却骄傲地指着石像说:"你看!我正在完成一件伟大的事业,一件完美的艺术品马上在我手下诞生!"

> **案例分析 3-7**
>
> 3 个人做着相同的工作:第一个人把工作看作一种苦役,"累"是他的口头禅;第二

个人把工作看作一种"养家糊口"的手段;第三个人以工作为荣,以工作为乐,"完成一种伟大的事业"是他对工作的赞美,也是对自己的肯定。工作态度不同,人生结局也许就会完全不同。

案例导入 3-8

美容师 A 进入企业已经半年。一次,在×项目话术考核中,A 总是在关键点背不出来。那时已是晚上 8 点,早已过了下班时间,顾问考官一点儿也没有让 A 通过的意思。这时的 A 脑子全是空的,情绪低落,觉得顾问就是故意为难自己。她终于忍不住,对顾问喊出:"我不考了!爱过不过,我们都是打工的,你有必要这么严格吗?"

顾问坚定地说:"你必须考,而且今天必须通过。你好好想想,你很需要这份工作,考试是为了你自己。"听了顾问的话,A 安静了,她不能因为自己的任性失去工作,再去烦劳父母。于是,她调整心态,继续拼命地背读起来。心理疏通了,奇迹就会出现,仅在 30 分钟后 A 就通过了考核,顾问深深地松了一口气。A 含着眼泪对顾问说:"谢谢您的陪伴,今天虽然考核话术,但更考核了我的毅力和心态!我知道了,做好每一件工作,不是为老板,是在为自己!"

案例分析 3-8

美容师 A 考试的故事告诉我们,"心态决定一切",以快乐的心态做事,收获的不仅是快乐,还有我们努力工作后的"薪水"保障。公司为实现员工的梦想提供了平台,员工将朴素的感激之心带入工作中,以主人翁的心态对待工作,实现人生价值。有什么样的工作态度,就将会有什么样的人生结果。把工作当成自己的事,老实做人,用心做事,有几分耕耘,就会有几分收获。让我们在平凡的工作中享受人生的快乐。

小白疑问 3-2

在职场中,我认同企业但企业不认同我应该怎么办?

复习思考题

1. 简述什么是干一行爱一行。
2. 浅谈你对第一印象的理解。
3. 简述四大职场能力、6 种工作意识和两种职业心态。
4. 讨论如何才能做到尊重职业。

单元四
美容行业企业管理

学习目标

1. 了解美容行业关键岗位、岗位职责以及岗位任职资格。
2. 了解岗位绩效目标的意义,建立工作要有目标的意识。
3. 熟悉绩效考评内容与标准。
4. 了解美容行业的酬薪福利结构以及奖惩制度。

情境导入 4-1

小白经面试和岗前培训考核后进入岗位,成为一名见习美容师。店长反映小白的个人素质很好,与同事的关系不错,对顾客非常热情,只是师傅叫她做事时她能做得很好,但是如果大家很忙顾不上叫她时,她就坐着看书或手机。店长把问题反映到管理中心。请问小白这种表现符合企业要求吗?为什么?

 任务一　关于岗位和岗位职责

企业为了有效地实现企业目标,需要设置关键工作岗位、制定各种岗位的岗位职责与任职资格,用以明确企业目标,强化各职能部门的相互联系,优化人员素质,将合适的人放在合适的岗位上,发挥最大的人力资源优势。作为从业者,有必要了解行业内各岗位的岗位职责,有利于自己对岗位的选择;有必要了解各岗位的任职资格,有利于审核自己是否符合标准,从而确定努力方向。

一、美容行业关键岗位及岗位职责

美容行业中的企业类型基本分为 3 种:上游企业、中游企业、下游企业。不同类型的企

业,设置的岗位不尽相同,其岗位职责也存在一定的差异,但基本原则是一致的。

(一) 美容行业关键岗位

岗位是企业为完成工作任务而确立的,由岗位职务和等级内容组成。在不同的企业都有一些关键性岗位,这些岗位直接关系到企业的正常运营和企业目标的达成。

美容行业关键岗位包括上、中游企业的见习美容导师、美容导师、技术老师(美加美高端美容岗位)、培训讲师等,还有下游企业的见习美容师、美容师、美容顾问、咨询师等。

(二) 美容行业关键岗位职责

岗位职责是指一个岗位所要求的、需要去完成的工作内容以及应当承担的责任范围。职责就是职务与责任的统一。

1. 岗位职责的内涵

任何岗位职责都是责任、权力与义务的综合体。有多大的权力,就应该承担多大的责任;有多大的责任,就应该尽多大的义务。不明确自己的岗位职责,就不知道自己的定位,就不知道应该干什么、怎么干、干到什么标准。例如,企业的营销人员难道只是销售产品或项目吗?销售人员的准确定位应该是企业产品的推销人、企业形象的代言人、现代企业的经济人、流通领域的职业人、企业发展的当家人,还是社会责任的当事人!因此,我们不能简单地把"我是干什么活的"作为对岗位职责的理解。我们每个人都需要充分认识自己岗位职责的内涵,以便把握好自己的定位,知道自己在岗位上应该干什么、怎么干、干到什么标准。

对企业员工来说,明确了应该干什么、怎么干、干到什么标准,就有可能主动去做好一些与岗位职责有关的事情,就有了明确的目标和义务;对企业来说,企业也有了绩效考核的依据,明确了应该为员工所做的工作支付工资、福利以及提供给员工的劳动保护、培训教育条件等。这可以看作一种"交换",在这种交换中包含着企业与员工的利益往来。

企业依靠员工的智力和体力实现发展目标,员工依靠企业的平台得到物质报酬和自身发展机会。企业和员工在岗位职责的责权利统一过程中实现双赢。综上所述,岗位职责的内涵无外乎两点:

(1) 岗位职责使员工明晰自己的工作定位:员工知道自己在什么岗位,在岗位上应该干什么、怎么干、干到什么标准。

(2) 岗位职责使企业和员工在责权利统一过程中实现双赢。

2. 岗位职责的作用

(1) 可以最大限度地实现劳动用工的科学配置,有效地防止因职务重叠而发生的工作扯皮现象。

(2) 提高内部竞争活力,更好地发现和使用人才。

(3) 提高工作效率和工作质量,是企业考核的依据。

(4) 规范操作行为,减少违章行为和违章事故的发生。

3. 美容行业关键岗位职责

(1) 上、中游企业岗位和岗位职责。市场部的关键岗位和岗位职责见表4-1-1。

表 4-1-1　市场部的关键岗位和岗位职责

关键岗位	岗 位 职 责
见习美容导师	① 积极主动向客户传递企业文化和理念,执行上级所布置的工作,做好日总结 ② 熟悉本品牌所有产品的流程及产品搭配技巧 ③ 协助完成当月本市场代理商回款及出货业绩 ④ 协助服务好加盟店的售后服务工作 ⑤ 协助收集、整理完整的产品使用效果案例 ⑥ 协助本区域店家资料的收集与管理,并及时上报 ⑦ 协助完成加盟店的日常维护与管理 ⑧ 在加盟店参与日常顾客服务和接待工作
美容导师	① 负责一个市场,完成公司每个月在这个市场的回款任务额,以及完成每个月的出货任务 ② 负责为加盟店提供相应的活动方案,独立完成活动的组织与策划 ③ 组织、带领代理商团队或加盟店团队一起执行活动方案,完成每场活动的业绩目标 ④ 定期到加盟店进行产品的强化培训及技术指导,带动出货 ⑤ 做好本区域代理商年度培训规划的组织与落实工作,协助讲师完成培训规划和培训活动 ⑥ 带教见习美容导师,并对其工作进行督导 ⑦ 每个月收集一个完整的顾客产品使用视频案例,并上交公司企划部 ⑧ 负责所在区域加盟店资料的收集与管理,并及时传达至上级 ⑨ 负责加盟店的日常维护与管理,每个月督促店家向代理商回款、进货 ⑩ 负责不定期地向店家进行电话寻访,及时为店家解答产品使用中遇到的疑难问题 ⑪ 及时处理在走访或驻店培训中遇到的问题 ⑫ 及时掌握并向上级汇报代理商公司和团队的状态及资讯
技术老师	① 协助技术总监,每年为品牌开拓 1～2 个新项目、新技术,并推广执行 ② 根据技术总监工作安排,做好市场项目打版、店销活动,协助品牌完成项目出货业绩目标 ③ 配合市场部讲师制作项目培训课件,编写操作流程和执行流程,定期组织各品牌讲师做好项目技术和授课总结,在实施中不断改进 ④ 在市场项目实施过程中做好案例收集与效果分享,配合讲师或独立完成项目线上、线下授课任务,积极推动项目快速传播
品牌讲师	① 根据品牌营销任务,通过培训会、招商会、品牌内训会、新人岗前培训讲授产品核心理念、使用方法、效果评估 ② 进行项目打版,设计、组织终端店销活动 ③ 市场各种专业问题的解答及处理 ④ 培训课件制作及文案整理 ⑤ 整理、编写收集上来的案例,审核产品文案

注:以上岗位职责在美容行业具有一定的代表性;不同的企业在内容上会有差异,进入企业时应以企业内容为准。

美容教育学院(校)的关键岗位和岗位职责见表 4-1-2。

表4-1-2　美容教育学院(校)的关键岗位和岗位职责

关键岗位	岗 位 职 责
助理教师	① 认真执行教学大纲,参与授课计划的撰写 ② 认真备课,书写教案和制作教学PPT ③ 协助教师完成实训课的指导教学任务 ④ 准确无误地向学生传递企业文化和企业理念 ⑤ 以身作则,言传身教
校企合作教师	① 认真执行教学大纲,根据教学安排撰写授课计划 ② 认真备课,书写教案和制作教学PPT ③ 独立完成教学任务,按校企合作院校标准完成所有教学文件 ④ 准确无误地向学生传递企业文化和企业理念 ⑤ 积极主动掌握新知识、新技能、新的教学方法 ⑥ 独立完成岗前培训和在岗进修培训工作 ⑦ 团结协作,以身作则,言传身教

注:以上岗位职责在美容行业具有一定的代表性;不同的企业在内容上会有差异,进入企业时应以企业内容为准。

(2)下游企业岗位和岗位职责。下游企业美容会所(院)的关键岗位和岗位职责可以参见表4-1-3。

表4-1-3　美容会所(院)的关键岗位和岗位职责

关键岗位	岗 位 职 责
见习美容师	① 协助美容师工作(一切美容服务的准备工作、收尾工作、咨询工作、维护设备等) ② 保持责任范围内的环境卫生 ③ 在师傅指导下独立为顾客服务 ④ 迎、送顾客
美容师	① 为顾客提供满意的美容服务 ② 收集相关顾客资料,定期或不定期与顾客保持联系 ③ 诚实、客观地为顾客介绍顾客需求的产品和项目 ④ 协助顾问达成业绩目标 ⑤ 负责包干区卫生清洁和设备日常保养
美容顾问	① 根据顾客的需求和会所(院)的经营情况,为顾客提供专业的诊断和制订高效的服务项目 ② 协助店长管理美容会所,适当行使代理相关职权 ③ 监督美容师日常服务,指导美容师销售 ④ 负责带领美容师团队达成业绩目标
前台	① 为顾客提供满意的接待服务 ② 保存与录入相关顾客的资料,做好电话预约和客户登记服务 ③ 表现出优质服务品质,树立专业形象礼仪 ④ 日常美容会所(院)产品库存管理及预订购 ⑤ 负责美容会所(院)日常卫生与考勤监督管理 ⑥ 协助店长完成日常工作以及工作任务的传达
调配师	① 熟悉产品名称、性能、主要作用和使用注意事项 ② 熟悉项目产品搭配,熟练使用量具

(续表)

关键岗位	岗 位 职 责
	③ 保持调配间环境卫生和用品用具的消毒卫生 ④ 严格执行顾问的指令
店长	① 制定美容会所的工作目标、具体的方针政策，策划活动促销方案以及安排活动方案的实施 ② 执行各项服务流程、项目流程以及服务标准化 ③ 负责组织销售，监督年度、月度目标方案执行过程，以及目标达成情况 ④ 负责协助解决顾问、美容师在客情管理上的问题 ⑤ 定期参加各种公司规定的会议，以及严格执行公司会议内容 ⑥ 定期进行客户电话回访，追踪服务品质的执行情况 ⑦ 负责美容会所（院）的日常管理，包括员工、安全、卫生等工作 ⑧ 核查美容会所（院）会员资料卡及各项表单的数据真实性、完整性 ⑨ 顾客美丽行事历的跟踪与核查 ⑩ 做到与公司其他部门的紧密有效配合

注：以上岗位职责在美容行业具有一定的代表性；不同的企业在内容上会有差异，进入企业时应以企业内容为准。

情境分析 4-1

通过上面的学习，可以明确小白的行为不符合企业要求。因为小白没有真正理解和掌握岗位职责的内涵，她的行为说明她不知道自己应该干什么、怎么干，更不知道工作标准，只是单纯地认为见习美容师就是协助美容师工作的，"让我干什么我就干什么"。如果是这样，小白这个徒弟什么时候才能出徒呢？另外，在小白的潜意识里还没有真正做到角色转换，仍然认为自己是个学生，但是，此时小白已经是个拿工资的员工，很有可能因此而丢掉饭碗。

二、美容行业关键岗位任职资格

任职资格是指为了保证工作目标的实现，对任职者必须具备的知识、技能、能力和个性等方面的要求。它通常以胜任岗位所需的学历、专业、工作经验、工作技能等来表达。

企业制定的岗位任职资格一般由 3 个部分组成，即个人条件、行为能力与素质要求。个人条件包括性别、年龄、学历等；行为能力包括知识、技能水平和工作经验等；素质要求包括求职者的工作动机、个性、兴趣与爱好、价值观、人生观等。

（一）任职资格管理的意义

1. 任职资格管理是企业人力资源管理的核心基础工作之一

（1）任职资格管理是实现"人"和"岗"匹配的前提。企业为实现目标需要构建或不断完善自己的组织结构。作为组织结构要素的岗位，承载着企业实现目标的分解指标，岗位上的人则是落实这些分解指标的实施者。如果"人"和"岗"不匹配，企业将面临诸多风险。通过任职资格管理可以为企业提供符合岗位要求的任职者，以保证企业经营的良性运转。

（2）任职资格管理中所确定的任职条件是企业招聘或人员调配的依据。企业招聘或人员调配的需求来源于岗位需要。当岗位管理确定人员编制不足时，可以根据任职资格管理中的任职条件招聘或调配任职人员。

（3）任职资格管理为企业培训提供了方向。一方面，当新任职者在知识、能力、技能等方面达不到企业岗位要求时，培训是唯一解决的方法；另一方面，岗位的任职条件随岗位内涵的变化、外部环境的变化而发生变化时，只有通过对现有任职者的培训才能适应这些变化，保证企业的可持续性发展。

（4）任职资格管理是绩效管理的重要目标之一。绩效管理通过目标设定、过程辅导、评价反馈、结果运用4个环节来促进企业与个人的提升。绩效目标的来源除企业的目标分解外，还结合了职位对任职者的任职资格。例如，中专学历与大专学历的员工其绩效目标是有区别的。

（5）任职资格管理是薪酬管理制度制定的依据之一。企业薪酬设计遵从外部均衡、内部均衡、个体均衡3个原则。外部均衡，即薪酬具有市场竞争性；内部均衡，即薪酬体现岗位价值；个体均衡，即同岗位不同人员由于工作绩效不同薪酬也应不同。薪酬除考虑岗位价值外，还应该考虑任职者学历、职称、工作经验、工作技能等因素，这些因素是任职资格管理的研究范畴。任职资格管理决定部分薪酬。

2. 任职资格管理有利于企业核心能力的培养，增强企业的市场竞争力

企业的核心能力来自独特的经营运作方式，员工必须具备的核心技能与专长，以及规范的业务运作模式、业务流程和企业结构。按业务规范制定的员工行为标准以及在此基础上派生出的员工任职资格标准都是企业核心能力的保证。

企业要提升自身的核心能力以适应战略的要求，就必须按照员工任职资格要求选人、用人、育人和留人。让具备适应战略要求的人才进入合适的岗位，发挥应有的作用。这样企业才能真正拥有自己的核心能力和竞争力，才能不断提升绩效，实现经营目标，保证企业可持续性发展。

3. 任职资格管理为员工发展提供更大的空间，有利于人才的留用

企业的任职资格管理将企业内的职位进行职层划分，明确不同职层的要求，使员工对自己当下所处位置以及通过努力未来可能达到的位置一目了然。

（二）美容行业企业关键岗位任职资格

在美容行业每个企业都会根据自己的岗位职责制定任职资格。我们从企业基层岗位开始了解企业任职资格管理的内容，为顺利开始职业生涯做好准备。

1. 上、中游企业关键岗位任职资格

市场部关键岗位的任职资格见表4-1-4。

表 4-1-4 市场部关键岗位的任职资格

关键岗位	任 职 资 格
见习美容导师	① 年龄 18～25 岁,身高 1.55 米以上,五官端正,皮肤好,身体健康,男女不限 ② 高中或中专以上学历,初级美容师以上职称 ③ 半年以上美容行业工作经验(含实习) ④ 具有一定的抗压能力,接受中、长期出差 ⑤ 服从安排,并遵守先执行后上诉原则 ⑥ 积极向上,爱岗敬业,具有团队精神,随时接受具有挑战性的工作 ⑦ 仪表大方,具有良好的职业素养 ⑧ 吃苦耐劳,勤奋好学
美容导师	① 年龄 20～35 岁,身高 1.55 米以上,五官端正,皮肤好,身体健康,男女不限 ② 高中或中专以上学历,中级美容师以上职称 ③ 一年以上美容导师工作经验 ④ 热爱美容导师工作,抗压能力较强,能够接受中、长期出差 ⑤ 服从工作安排,具有较强执行力 ⑥ 积极向上,爱岗敬业,具有团队精神,随时接受具有挑战性的工作 ⑦ 仪表大方,具有良好的职业素养 ⑧ 能够带领团队
技术老师	① 年龄 23～45 岁,身高 1.55 米以上,五官端正,皮肤好,身体健康,男女不限 ② 医学美容大专以上学历,高级美容师以上职称 ③ 有一年以上相关工作经验,有市场工作经历、熟练操作美容仪器,能够出差 ④ 有销售意识,热爱项目操作 ⑤ 执行能力强,认真负责,责任感强 ⑥ 有团队精神,目标感强

注:以上岗位任职资格在美容行业具有一定的代表性;不同的企业在内容上会有差异,进入企业时应以企业内容为准。

教育学院(校)关键岗位的任职资格见表 4-1-5。

表 4-1-5 教师岗位的任职资格

关键岗位	任 职 资 格
助理教师	① 年龄 23 岁以上,身高 1.58 米以上,五官端正,皮肤好,身体健康,男女不限 ② 医学美容大专以上学历,高级美容师以上职称 ③ 半年以上美容导师或美容师工作经验,手法技巧熟练,口头表达准确,专业知识扎实、丰富,能够协助教师完成教学任务,能够出差 ④ 热爱美容教育工作,热爱学生 ⑤ 热爱并忠诚企业,熟知企业文化 ⑥ 自律,诚实,公正,以身作则
校企合作教师	① 年龄 25 岁以上,身高 1.58 米以上,五官端正,皮肤好,身体健康,男女不限 ② 医学美容大专以上学历,高级美容师以上职称 ③ 一年以上美容导师或美容师工作经验,一年以上教师工作经验,手法技巧熟练,口头表达准确,专业知识扎实、丰富,能够独立完成教学任务,能够出差 ④ 热爱美容教育工作,热爱学生 ⑤ 热爱并忠诚企业,熟知企业文化 ⑥ 自律,诚实,公正,以身作则 ⑦ 具有教学组织能力

注:以上岗位任职资格在美容行业具有一定的代表性;不同的企业在内容上会有差异,进入企业时应以企业内容为准。

2. 下游企业关键岗位任职资格

下游企业美容会所(院)的关键岗位任职资格见表 4-1-6。

表 4-1-6　美容会所(院)关键岗位的任职资格

关键岗位	任 职 资 格
见习美容师	① 年龄 18 岁以上,身高 1.55 米以上,五官端正,皮肤无瑕疵和瘢痕,身体健康,女性 ② 中专以上学历,初级美容师以上职称 ③ 手法娴熟,协助美容师完成美容服务工作 ④ 热爱美容行业,善于进行美容技术操作 ⑤ 能够与顾客沟通,有服务意识、销售意识 ⑥ 勤奋,积极主动工作,服从工作安排
美容师	① 年龄 18 岁以上,身高 1.55 米以上,五官端正,皮肤无瑕疵和瘢痕,身体健康,女性 ② 中专以上学历,中级美容师以上职称 ③ 半年以上见习美容师工作经验,手法娴熟,能够独立完成美容服务工作,能够与顾客进行日常以及专业沟通 ④ 热爱美容行业,善于进行美容技术操作 ⑤ 有服务意识、销售意识 ⑥ 勤奋,积极主动工作,有榜样意识,团结同事

注：以上岗位任职资格在美容行业具有一定的代表性；不同的企业在内容上会有差异,进入企业时应以企业内容为准。

三、训练与感知

(一) 我的职责

很少有人能够清晰地描述自己在工作中应该承担哪些责任。当静下心来的时候,我们会发现自己实际失去了很多可以更加优秀的机会。让我们养成自我反省的习惯,使自己的职业生涯更为顺畅。

1. 活动目的

培养自我反省的良好习惯,同时锻炼准确的表达方式。

2. 参加人数

全体人员参与。

3. 活动时间和场地

活动时间 20 分钟；讨论时间 20 分钟；活动场地为教室。

4. 活动道具

每人一张 A4 白纸,每人一支笔。

5. 活动规则和流程

在 15 分钟内拟定自己的岗位定位,用笔在纸上写出自己的岗位职责,并注明哪些自己做得比较好(或者是可以理解并做到),哪些自己做得不太好(或者是无法理解并做不到)。完成后将自己的 A4 纸与邻座对换,相互检查有哪些缺失。培训师随机点名演讲(建议 2 人),在培训师指导下讨论下面的问题:为什么对自己的工作职责不清晰?清楚自己的工作职责,对我们的职业发展有哪些有利方面?

6. 活动总结

明确岗位职责有利于职业发展,因为这样可以知道干什么、怎么干、干到什么标准;工作中需要能够准确地表述自己的想法和做法,这一点在工作中非常重要。

(二)销售与异议

产品销售和售后服务过程是企业员工面对异议最多的时候,怎样才能与顾客进行良好的沟通,并及时、合理地处理异议?这是在工作中必须要面对的问题。

1. 活动目的

培养抗挫意识;掌握沟通技巧,合理化解异议。

2. 参加人数

全体人员参与。

3. 活动时间和场地

活动时间 40 分钟,活动场地在教室。

4. 活动规则和流程

(1)活动规则。

① 以 6 人为一组,其中,4 人为销售人员,2 人为顾客。进行每组 5 分钟的销售展示。

② 场景 1:销售员甲、乙要将产品卖给顾客甲,顾客甲想方设法地挑出产品的各种毛病,销售甲、乙要耐心解答这些问题,不能伤害顾客甲,最终让顾客甲买走产品。

③ 场景 2:顾客乙来公司退货,讲了一大堆产品的问题,销售丙、丁要一一解决这些问题,最终让顾客乙高高兴兴地把产品拿走。

(2)活动流程。

① 分组:详细阅读活动规则,做好分工,选择销售产品,设计对话内容。

② 各组抓阄确定展示顺序。

③ 各组展示 10 分钟。

④ 各组组长分享活动感知。

5. 活动总结

顾客是上帝,上帝是不会犯错的;与人沟通时调整心态、选择语言,会对销售服务产生影响。

复习思考题

1. 简述岗位职责的内涵。

2. 某美容会所招聘新员工,岗位分别是见习美容师、美容师和技术老师,其岗位职责和任职资格参见表 4-1-1 和表 4-1-3。

应聘者 A,女,24 岁,未婚,较瘦,身高约 1.58 米,毕业于×职业学院医学美容技术专业,有两年的美容师工作经历。A 的特点如下:性格温和,与人沟通一般,客户关系一般,操作技术优良,原有企业无不良评价,职称是高级美容师。请问:

(1) A 能够被录取吗?为什么?
(2) 如果 A 被录取,她比较合适什么岗位?为什么?

情境导入 4-2

时间过得真快,转眼小白做见习美容师已经一个多月。现在已近年中,各个会所都在进行年中绩效考评,小白的师傅因一分之差没有达标,拖了她们会所的后腿,受到店长的点名批评。小白很为师傅难过,师傅那么勤奋、努力,连孩子生病都没有请假。这种绩效考评是不是太残酷了?

▶ 任务二 美容行业关键岗位绩效目标

一、岗位绩效目标的意义

(一) 什么是绩效

绩效的基本含义是成绩和效果,可以定义为个人、团队或组织从事一种活动所获取的成绩和效果。绩效是结果,是收获,是工作进展情况,是投入要素之后的产出、付出成本之后的收益。凡是有活动,就会有结果,也就是绩效。

按照活动参与主体不同,可以分为个人绩效、团队绩效和企业绩效。对于一个组织内的关联活动而言,个人绩效、团队绩效和企业绩效既有区别又有联系。一方面,3 种绩效的层次不同、大小有别;另一方面,三者联系密切,团队绩效取决于个人绩效,企业绩效决定于团队绩效。绩效是企业目标达成的具体表现。

(二) 岗位绩效目标的意义

(1) 为讨论绩效结果提供以前的、客观的、相互理解的、相互接受的依据。
(2) 减少管理者和员工之间存在的对绩效结果的误解。
(3) 明确每个员工在完成对企业有重要意义的工作时的角色。
(4) 通过提供明确的绩效目标,帮助员工对工作进展进行自我监控。

二、岗位绩效目标制订原则

（1）目标是具体的。需要明确做什么、达到什么结果。

（2）目标是可衡量的。绩效目标最好能够用数据或事实来表示。如果太抽象而无法衡量，就无法对目标进行控制。

（3）目标是可达到的。绩效目标是在部门或员工个人的控制范围之内，而且通过部门或个人努力可以达成。

（4）目标是与公司目标和部门目标相关的。需要体现目标从上到下的传递性。

（5）目标是以时间为基础的。目标要在一定的时间限制内。

以上是衡量目标的 5 个原则，符合上述原则的目标就是一个有效的目标。否则，绩效目标不明确，就会因不同的解释而造成误导，使考核工作的效果大打折扣。

三、绩效考评

绩效考评是企业根据经营管理的需求，对企业内部所有职能岗位的工作绩效目标进行测量与评价，从而提高工作效率、改进工作方法和业绩标准。

（一）绩效考评的目的

（1）通过绩效考评确认员工对企业的贡献，为奖酬激励提供依据。

（2）通过绩效考评分析工作成绩和不足，为改进工作提供依据。

（3）通过绩效考评对员工的能力以及能力的发挥程度进行分析，做出正确的评价，进而做到人尽其才，客观合理地安置企业成员，调动员工的工作积极性，提高工作效率。绩效考评也是对员工的职务调整、薪酬福利、培训计划及奖金核定的重要依据。

（4）明确员工的导向，保障企业有效运行，是利他共赢的。

（二）绩效考评的原则

全面性与合理性是绩效考评的原则。绩效是由多个因素共同作用形成的，其考评取点是对德、能、勤、绩全方位进行考核，涉及岗位职责、人员素质、工作要求等多方面因素，不同因素在绩效考评中所占的比例要各有不同。绩效考评目标值包括：

（1）岗位职责履行情况。

（2）公共职责履行情况。

（3）工作任务完成情况。

注意 绩效考评不是利益分配工具，也不是监控员工工作状态的手段，更不是企业随意扣取员工收入的"砍刀"。如果对绩效考评的认知不到位，将失去绩效考评的意义。

(三)绩效考评体系

1. 绩效考评内容

绩效考评内容界定了员工的工作任务,也就是说,员工在绩效考评期间应当做什么事情,包括绩效项目和绩效指标两个部分。

(1)绩效项目。绩效项目确定是从哪几个方面来对员工的绩效进行考评,一般包括工作业绩、工作能力和工作态度3个方面,如图4-2-1所示。

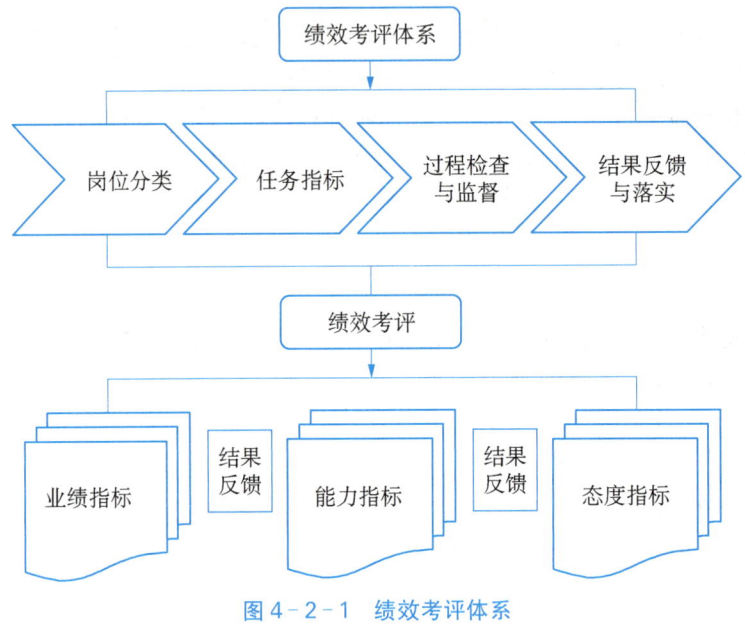

图4-2-1 绩效考评体系

(2)绩效指标。绩效指标是指绩效项目的具体内容,可以理解为是对绩效项目的分解和细化。例如:

① 工作能力。这一考评项目可以细化为分析判断能力、沟通协调能力、组织指挥能力、开拓创新能力、公共关系能力和决策行动能力等6项具体的指标。

② 工作业绩。设定指标时一般要从数量、质量、成本和时间4个方面考虑。

③ 工作态度。具体情况具体对待,根据各岗位不同的内容,设定不同的指标。

绩效指标的确定,有助于保证绩效考评的客观性。

2. 绩效考评标准

绩效考评标准是指与其相对应的每项目标任务所应达到的绩效要求。在绩效标准中明确了员工的工作要求,也就是说,对于绩效内容界定的工作,员工应当怎样来做或者做到什么样的程度。

绩效考评标准的确定,有助于保证绩效考评的公正性,否则就无法确定员工的绩效到底是好还是不好。

案例导入 4-1

某会所美容师岗位考评标准见表 4-2-2。

表 4-2-2 美容师岗位绩效考评标准

姓名_____　　　　　　　　　　　　　考评时间____年____月____日

考评项目	考评内容	考评指标	实际完成	绩效标准	得分	评价人
工作业绩 (20分)	业绩达成	1月现金目标(10万)元		≥100%完成,+20分 <80%,-20分		
		2月现金目标(5万)元 3月现金目标(5万)元		同上 同上		
工作能力 (60分)	开发新顾客 (15分)	月抓潜新客卡3~10人(5分)		<3人,-2分/人 >10人,+2分/人		
		月抓潜新客留客卡1~5人(10分)		<1人,0分 >5人,+2分/人		
	月服务顾客 (20分)	月服务人数(20)人(10分)		<服务人数,-2分/人 >服务人数,+2分/人		
		月耗卡总数(20)人次(10分)		<耗卡人次,-2分/人 >耗卡人次,+2分/人		
	顾客管理 (25分)	客户服务满意度达80%~90%(5分)		<80%,-10分 >90%,+10分		
		每周回访,填写顾客服务表(5分)		少1次,-2分		
		填写顾客5期分化表(5分)		少1次,-2分		
		填写顾客服务报告(5分)		少1次,-2分		
		计划、执行顾客生日感动活动(5分)		少1个,-2分		
职业素养 (20分)	执行能力 (5分)	每日、每周、每月按要求完成岗位工作,无差错		明显错误1次,-2分		
	学习能力 (5分)	每月按规定参加公司培训,不迟到、早退、不缺勤		缺勤1次,-2分		
	团队协作 (5分)	服从上级安排,顾全大局,与同事配合协作,无纠纷		违背1次,-2分		
	品德言行 (5分)	真诚正直,廉洁简单,感恩爱岗,团结共赢		投诉1次,-2分		

(续表)

考评项目	考评内容	考评指标	实际完成	绩效标准	得分	评价人
特别突出贡献加分（20～50分）		事迹展示： ① 突出业绩 ② 技术创新 ③ 服务创新 ④ 管理创新 ⑤ 优良品质		创造个人或集体的新标准，为企业创造价值、树立榜样		
合计						
评价等级		□A. 100～110分　□B. 90～99分　□C. 80～89分　□D. 79分以下				
评价人意见						
本人意见						

情境分析 4-2

通过绩效目标管理的学习，可以明白对企业员工进行绩效考评是企业目标达成的保证。企业是经营单位，不是慈善机构。其实这就像在战场，不会因为你参加战斗就一定会赢得战争。小白还需要在工作中历练。小白的师傅很棒，她拿着年中考评结果淡定地对小白说："来，我们一起分析一下问题出在什么地方。别气馁，年终才是见高低的时候！"这就是徒弟与师傅的差距。岗位学习绝不单单是知识与技能的学习，关键是心智的成长。

四、训练与感知

合力吹气球

1. 活动目的

分工合作完成共同目标。

2. 参加人数

全体人员。

3. 活动时间和场地

活动时间为20分钟，分享时间为20分钟；活动场地为教室。

4. 活动道具

几十个气球。

5. 活动规则和流程

（1）分组：每组6人，不限几组。

（2）教师准备好每组6张写有嘴巴、手（写两次）、腿（写两次）、臀部的纸条，让每个人抽签。

（3）吹气球：各组抽到"手"的两个人拿住气球，让抽到"嘴巴"的人吹（不得用手）；教师计时。

(4) 坐爆气球：各组抽到"腿"的两个人抱起抽到"臀部"的人，把吹起的气球坐爆。

(5) 统计成绩：教师计时结束，各组依据坐爆气球的数量排出名次。第一名可以有物质奖励。

6. 活动分享

各组组长上台分享活动感受。

7. 活动总结

分工合作是岗位工作的常态。任何输赢都是激励我们更加努力的动力。

 小白疑问 4-1

绩效考评与我们每个人都有关系吗？

复习思考题

1. 简述岗位绩效目标的意义。
2. 简述绩效考评的目的。
3. 案例分析：表 4-2-3 是某会所绩效考评结果，请仔细阅读并回答问题。

表 4-2-3　绩效考评(第一季度)

姓名：A　　岗位：美容师　　　　　　　　　　　考评时间＿＿年 4 月 5 日

考核项目	考核内容	考核指标	实际完成	绩效标准	得分	评价人
工作业绩 (20分)	业绩达成	1月现金目标(10万)元	12万	≥100%完成，+20分 <80%，-20分		店长
		2月现金目标(5万)元	2万	同上		店长
		3月现金目标(5万)元	4.5万元	同上	20	店长
工作能力 (60分)	开发新顾客 (15分)	月抓潜新客卡3~10人(5分)	3人	<3人，-2分/人 >10人，+2分/人	5	店长
		月抓潜新客留客卡1~5人(10分)	2人	<1人，0分 >5人，+2分/人	10	店长
	月服务顾客 (20分)	月服务人数(20)人(10分)	25人	<服务人数，-2分/人 >服务人数，+2分/人	10+2	店长
		月耗卡总数(20)人次(10分)	20人次	<耗卡人次，-2分/人次 >耗卡人次，+2分/人次	10	店长
	顾客管理 (25分)	客户服务满意度达到80%~90%(5分)	100%	<80%，-10分 >90%，+10分	5+10	店长
		每周回访，填写顾客服务表(5分)	100%	少1次，-2分	5	店长
		填写顾客5期分化表(5分)	100%	少1次，-2分	5	店长
		填写顾客服务报告(5分)	100%	少1次，-2分	5	店长
		计划、执行顾客生日感动活动(5分)	100%	少1个，-2分	5	店长

(续表)

考核项目	考核内容	考核指标	实际完成	绩效标准	得分	评价人
职业素养（20分）	执行能力（5分）	每日、每周、每月按要求完成岗位工作,无差错	无差错	明显错误1次,−2分	5	店长
	学习能力（5分）	每月按规定参加公司培训,不迟到、早退、不缺勤	全勤	缺勤1次,−2分	5	店长
	团队协作（5分）	服从上级安排,顾全大局,与同事配合协作,无纠纷	做到	违背1次,−2分	5	店长
	品德言行（5分）	真诚正直,廉洁简单,感恩共赢	无投诉	投诉1次,−2分	5	店长
特别突出贡献（加分,20分～50分）		事迹展示： ① 突出业绩 ② 技术创新 ③ 服务创新 ④ 管理创新 ⑤ 优良品质	无	创造个人或集体的新标准,为企业创造价值、树立榜样	0	店长
合计					112	
评价等级		□A. 100～110分　□B. 90～99分　□C. 80～89分　□D. 79分以下				
评价人意见		工作认真负责,对顾客热情。业绩完成良好。				
本人意见		同意				

（1）依据岗位绩效标准,员工A的绩效考核成绩是否合格？请给出对这位美容师的评价。

（2）你认为这样的绩效考核有什么好处？有什么不足？为什么？

情境导入 4-3

又到发工资的时候了,个别同学（新员工）开始在微信群里晒自己的工资条,还配上不同的表情包。一石激起千层浪,那几天小白的情绪有点低落,话也变得少了,平日挂在脸上的标准微笑也悄悄地"躲"了起来。在带教师傅的关心下,小白讲了心里话："都是同班同学,为什么她们的工资比我高出那么多?!"为什么相同的岗位会有不同的薪酬呢？

▶ 任务三　美容行业的薪酬福利

薪酬管理是企业人力资源管理的重要工具,不但关系到企业的成本控制,还与企业的产出和效益密切相关。企业可以发挥薪酬战略的导向功能，通过薪酬水平的变动，结合其他的管理方法，合理配置和协调企业内部的资源整合，从而达到资源共享。

一、薪酬体系

酬薪体系是企业整体人力资源管理体系的重要组成部分。薪酬分配的目标绝不是简单地"分蛋糕"，而是通过"分蛋糕"使企业今后的蛋糕做得更大。

（一）薪酬体系构成

薪酬体系的构成即一个人的工作报酬由哪几个部分构成。一般而言，员工的薪酬包括基本薪酬（本薪）、绩效奖金、福利3个部分，如图4-3-1所示。

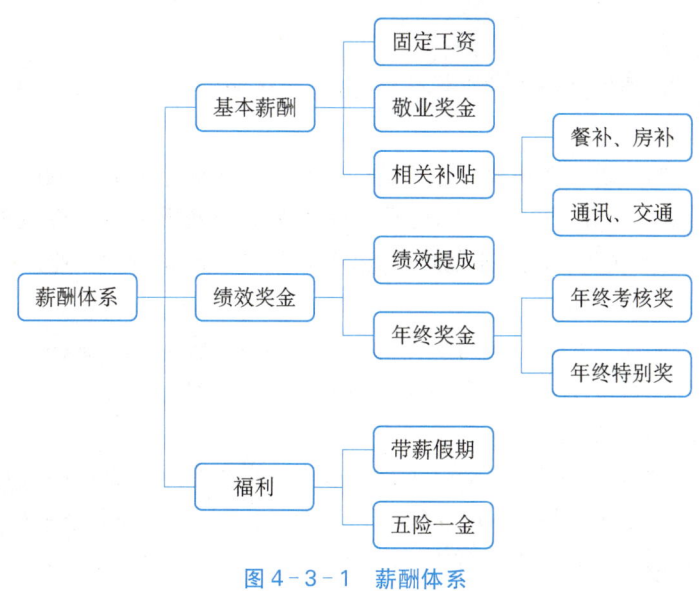

图4-3-1 薪酬体系

1. 基本薪酬（本薪）

（1）固定工资。固定工资是工资中的固定部分，按月发放并且不与员工的绩效考评结果挂钩。若员工违规、违纪而受到经济处罚时，扣减固定工资。

（2）敬业工资。如工龄工资。

（3）相关补贴。如住房补贴、就餐补贴、通讯补贴、交通补贴。

2. 绩效奖金

绩效奖金是员工按照公司的业绩要求，完成其岗位绩效目标应获得的收入。它主要根据员工每个考评期的考评结果计算，体现了薪酬的激励性，是员工薪酬的重要组成部分。绩效奖金包括业绩提成和年终奖金（年终绩效考评奖、年终特别奖）。

3. 福利

福利是指除了工资、奖金以外，根据国家、省、市有关规定所应享受的待遇，以及公司为保障与提高员工生活水平而提供的相关福利措施。福利应是人人都能享受的利益，它能给员工归属感。福利特别强调其长期性、整体性和计划性。福利制度的不完善以及缺少整体规划，经常是浪费了资金却没有效果。福利一般包括休假、五险一金（社会统筹养老保险、失业保险、医疗保险、工伤保险、商业险、住房公积金）等。

（二）薪酬管理

薪酬管理是指在组织发展战略指导下，对员工薪酬支付原则、薪酬策略、薪酬水平、薪酬结构、薪酬构成进行确定、分配和调整的动态管理过程。它是人力资源管理的重要组成部分，是企业达到吸引、保留、激励人才的重要手段。如何运用薪酬政策激励员工提高工作绩效是薪酬管理的关键。

薪酬管理不仅与员工的切身利益息息相关，也直接影响企业经营成败。现代薪酬管理有以下四大目标。

1. 吸收企业需要的优秀员工

合理的报酬不仅能提升员工的工作热情，还能为企业的未来发展吸引更多的优秀人才。

2. 达到效率目标

效率目标制定的本质就在于要用适当的薪酬花费给企业带来最大的收益。主要包括两个方面：第一，要站在产出的角度分析，即薪酬能为企业绩效带来最大价值利益；第二，要站在投入角度分析，即要实现薪酬成本的优化控制，用最合适的花费为企业谋取最大的利益。

3. 起到激励作用

薪酬发放的本质在于对员工努力工作付出提供等值的报酬。只有在员工付出能够得到相应的、满意的报酬时，员工才能更有工作积极性，才能更加憧憬未来。

4. 尽力做到公平的原则

薪酬公平要做到分配、过程、机会三方面的公平。分配公平即企业在进行人事决策与奖励措施时符合公平的要求；过程公平即企业依据的标准、方法要符合公平性，程序过程要公开、公正；机会公平即公司要提供给员工相同的发展机会，不搞内部认定制等潜规则。

科学有效的激励机制能够让员工发挥出最佳的潜能，为企业创造更大的价值。激励的方法很多，但是薪酬是一种非常重要的、最易运用的方法。员工的"收入"除了工资收入之外，还应包含培训、晋升机会、发展机会、心理收入、生活质量等非物质回报。通过对这些概念的明确，让员工在衡量自己的贡献与回报时有科学的认识，从而减少员工的不公平感。

通过薪酬激励，将短期、中期、长期经济利益相结合，保证企业的利益与员工的利益、企业的发展目标与员工的发展目标相一致，从而促进员工与企业结成利益共同体关系，最终达到双赢。

二、薪酬对员工的作用

1. 基本经济保障

从经济角度来讲，薪酬是劳动者以自己的劳动力与企业进行交换的回报。在市场经济条件下,薪酬收入是绝大多数劳动者的主要收入来源,它对于劳动者及其家庭生活所起到的保障作用是其他任何收入保障方式都无法替代的。员工薪酬水平的高低在很大程度上影响了员工及其家庭的生存状态和生活方式。

2. 心理激励作用

从心理学角度来讲,薪酬是个人与公司之间的一种心理契约,这种契约通过员工对于薪酬状况的感知而影响员工的工作行为、工作态度和工作绩效。当员工对薪酬需求满意时,员工就会受到正面的激励。

三、美容行业企业薪酬结构

薪酬在每个企业中都有其各自的结构和计算方式。同一企业中不同岗位的薪酬结构与计算方式也不尽相同。美容行业企业常见的薪酬结构如下。

(一) 薪酬构成

1. 工资

$$基本工资＋岗位工资＋全勤工资＋出差津贴(或补贴)$$

2. 绩效奖金

$$销售提成＋年终奖金$$

3. 福利

$$社会保险(五险一金)＋其他福利$$

(二) 常见薪酬计算

常见的薪酬计算包括绩效、工资标准、应计工资、个税和实发工资。绩效总分是本月完成任务得分;工资标准则是由基本工资、岗位工资、各种补贴构成,一般相对稳定;应计工资是浮动的,其中绩效工资是本月完成任务的奖励所得,另外是加班补贴(有的企业是以补休的形式,没有补贴),减去事假等扣款就是应计工资。工资加上应计工资还要减去个人所得税(请参考国家标准)才是实发工资,如表4-3-1所示。

表4-3-1 薪酬计算表

姓名	绩效总分	工资标准						应计工资							应缴个税	实发工资
		基本工资	岗位工资	补贴			工资合计	绩效工资(＋)	加班(＋)	事假(－)	病假(－)	迟到(－)	保险(－)	其他(－)	应计工资		
				交通	伙食	住房	小计											

(三) 美容师岗位薪酬结构

美容行业企业类型众多,不同的企业、不同的岗位薪酬结构不尽相同。表4-3-2以美容师岗位的薪酬结构为例,讲解美容行业薪酬的基本构成。

表4-3-2 美容师岗位薪酬结构办法

级别	级别工资+绩效工资(元)	目标消耗业绩(万)	保障工资级别(元)	客流指标(人/日)
高级	2 000+1 000	10	3 000	4
中级	1 500+500	6	2 000	3
初级	1 300+300	2	1 500	2
见习	1 000		1 300	
学徒	无薪培训3个月,一次交纳生活费用1 500元,或交学费3 800元/人			
邀约客身体消耗业绩按疗程/10金额	邀约面部消耗业绩按疗程/10金额	非邀约客身体消耗业绩按疗程/10金额	非邀约客面部消耗业绩按疗程/10金额	销售提成
按金额提6%	按金额提4%	按金额提5%	按金额提3%	卡类合作销售提成见顾问薪酬办法
月消耗总业绩达到6万,提成奖励0.5%;月消耗业绩达到10万,提成奖励1%;两个奖励不累计,月消耗业绩低于2万,提成扣1%				

注:表中的薪酬仅为举例说明薪酬结构,无任何代表性和指导意义。

情境分析4-3

薪酬是企业对员工工作付出的回报,不应该拿出来炫耀。不同的企业甚至不同的岗位薪酬结构都不尽相同,小白不应该与别人比较。正确的做法是搞清楚自己所在企业岗位的薪酬结构,努力工作,做最好的自己。随着经验的积累、技能的提升,相信小白一定会获得丰厚的薪酬回报。

复习思考题

1. 为什么要进行薪酬管理?
2. 根据美容师岗位薪酬结构办法,假设一名中级美容师2月的目标达成为8万,客流目标完成4人,全勤,没有差错。请计算这位中级美容师2月的实际工资。

> **情境导入 4-4**
>
> 最近小白在微信群里讲述了一件发生在身边的事情：小吴是小白的师哥，3年前进入企业市场部门，他以工作勤奋、技术精湛很快赢得市场认可，不断晋级、提升，得到许多荣誉和奖励。一年前同事们反映小吴开始到处借钱，不仅向同事借、向公司借，甚至向客户借。开始大家觉得这个农村出来的孩子一定是遇到了难事，都纷纷伸出援手，然而纸包不住火，后来大家知道小吴参与赌博欠下巨额赌债。小吴是否触犯了法律？企业应该如何处理？

任务四　美容行业企业奖惩制度

奖惩制度是对劳动者在劳动过程中的一定行为给予奖励和惩罚的总称。从心理学的角度讲，奖惩制度是通过一系列正刺激和负刺激的作用，引导和规范员工的行为朝着符合企业需求方向发展。对希望出现的行为，企业用奖励进行强化，也就是正刺激；对不希望出现的行为，企业利用处罚措施进行约束，也就是负刺激。二者相辅相成，才会有效促进企业目标的实现。

奖惩制度要同经济责任制紧密结合，同员工的责、权、利挂钩，充分体现奖勤罚懒、奖优罚劣、按劳分配的原则。

一、企业实行奖惩制度的目的

实行奖惩制度是为了维护企业劳动纪律和各项制度；为了保障公司正常运营；为了提高员工的综合素质和工作积极性；为了激励员工的敬业爱岗精神；为了达到管理有章可依、用制度管理的目标。

实行奖惩制度，能够鼓励劳动者进行创造性劳动，提高思想觉悟、技术和业务水平；能够教育劳动者遵守劳动纪律，维护正常的工作秩序。

二、企业奖惩制度内容

（一）奖惩的条件

对于忠于职守、廉洁奉公、有发明创造、做出突出贡献的劳动者，给予奖励；对于违反劳动纪律、违反操作规程、玩忽职守、有渎职行为、造成经济损失的劳动者，给予惩处。

(二)奖惩的种类

1. 奖励

奖励一般分为记功、晋级、通令嘉奖、授予先进工作者或劳动模范荣誉称号等。在给予这些奖励时,往往同时发给获奖者一次性奖金,有的还颁发奖状(奖杯)。

2. 惩罚

惩罚一般分为行政处分和经济制裁两种。行政处分(也称纪律处分)一般分为警告、记过、降级、降职、撤职、留用察看、开除等,开除是最高的行政处分。经济制裁主要是给予一次性罚款,或者扣发一定数额的工资。

(三)奖惩的批准权限

一般的奖励和惩罚,根据不同情况,有的由单位行政领导决定,有的由上级机关决定。企业奖惩职工时,需要征求工会的意见;开除职工,需要经行政单位最高职位提出,由职工代表大会或职工大会讨论决定。

中国在制定和实行奖惩制度中,要求思想政治工作与经济手段相结合,做到有奖有惩、奖惩严明,以奖励为主、惩罚为辅。在奖励上,坚持精神鼓励和物质鼓励相结合,以精神鼓励为主。对犯错误的员工,坚持以教育为主、惩罚为辅。惩罚的目的,在于惩前毖后、治病救人。

(四)奖惩制度实行注意事项

奖惩制度体现了企业价值取向,在实行中必须明确鼓励什么、反对什么、提倡什么、抑制什么。在奖惩实施过程中需要注意6个问题。

(1)企业的奖与罚必须并存。实施时做到奖优罚劣。

(2)奖惩要及时。一切问题在它发生之后要及时奖励或惩罚,否则奖惩的效果就会大大削弱。

(3)要注意守信。该兑现的奖励不可不兑,否则会失信于民,以后再去号召鼓励也无人听从。同样,该给予的惩罚不可不了了之,否则将助长歪风邪气,给企业带来损失。

(4)要注意实行公正的差别奖励。必须反对平均主义,平均分配奖励等于没有奖励。

(5)奖惩要适度。奖励过重,会使员工产生骄傲和满足的情绪;奖励过轻,又起不到奖励的作用。惩罚过重,会让员工感到不公;惩罚过轻,会让员工轻视错误的严重性。因此,奖惩一定要适度。

(6)要重视精神奖惩的作用。对于绝大多数员工来说,表扬和鼓励不仅使他们心情愉悦,产生满足感、成就感,更能激发他们上进的信心。

(五)奖惩制度在企业运作中的作用

在企业运作中,单一的管理制度只是对员工日常工作的要求和约束,要提升员工的工作积极性和效率,就必须使他们看到奖励的利益、看到犯错的损失。无论这个利益或损失是物质的还是精神的,都将对于企业的日常运作产生极大的作用。

1. 奖励的作用

对于个人的奖励,不单单是一种物质利益的给予,更重要的是对于其自身价值和努力的承认。

著名心理学家马斯洛认为,驱使个人成长和创造的动机,是由数个需求层次组成的,最高层次的需求是自我实现。人的一生都在围绕这些需求展开努力和行动,努力和行动的目的就是获得别人的认可。因此,如果顺应个人的努力和行动,对其表现进行积极肯定甚至奖励,将极大地激发个人积极性。

2. 惩罚的作用

与鼓励相对而言,惩罚的作用就在于否定员工在日常工作中的某些观念、行为,以激发其自身的反省能力,对于之前的观念和行为进行改正,以获得经验教训、提升自身素质。

惩罚对于个人而言,有着强大的压迫作用。因为从生存的角度,惩罚是对其生存价值和可能性的否定,激发个人的逆反和反省心理,使其正视自身问题、成功处理问题,并在此过程中具备相应的能力,可谓"知耻而后勇"。

(1) 激发员工羞耻心。借此提升员工的荣誉心和责任感,这将对企业活动产生极大的助推作用。

(2) 提升员工能力。知耻的过程便是反省的过程,反省就必然涉及问题的细节,对于问题细节的处理,能够锻炼员工处理问题的能力。其实,有反省心、知错就改的员工仍然是优秀员工。

3. 奖励和惩罚的副作用

如果奖励过多,将使员工变得唯利是图;如果惩罚过多,又会极大地摧残员工的进取心。奖惩是把双刃剑,各有利弊。对于奖惩制度的把握,是企业管理者的必修课。把握得好,奖惩制度的作用将充分、积极地体现,这将构成企业软实力的重要部分。

案例导入 4-2

企业奖惩制度

一、总则

第一条 为严明纪律、奖励先进、处罚落后、调动员工积极性、提高工作效益和经济效益,特制订本制度。

第二条 对员工的奖惩实行以精神鼓励和思想教育为主、经济奖惩为辅的原则。

第三条 本制度适用于公司全体员工。

第四条 董事会和公司监察部负责监督本制度的贯彻实施。

第五条 本制度适用于未注明条款的其他各项规章制度。

二、奖励

第六条 本公司设立以下奖励方法:①大会表扬;②奖金奖励;③晋升提级。

第七条 对下列表现之一的员工,应当给予奖励:

(1) 遵纪守法,执行公司规章制度,思想进步,文明礼貌,团结互助,事迹突出。

(2) 一贯忠于职守、积极负责、廉洁奉公,全年无出现事故。

(3) 完成绩效指标，经济效益良好。
(4) 积极向公司提出合理化建议，并为公司采纳。
(5) 全年无缺勤，积极做好本职工作。
(6) 维护公司利益，为公司争得荣誉，防止或挽救事故与经济损失有功。
(7) 维护财经纪律，抵制歪风邪气，事迹突出。
(8) 节约资金，节俭费用，事迹突出。
(9) 领导有方，带领员工良好完成各项任务。
(10) 坚持自学，不断提高业务水平，任职期内取得中专以上学历文凭或获得其他专业证书。

员工上述表现突出并符合《晋升制度》《奖金制度》规定的，给予晋升提级和相应的奖金。

第八条　本公司设立以下奖励程序：①员工推荐、本人自荐或单位提名；②工会或行政人事部审核；③董事长或总经理批准。

三、处罚

第九条　员工有下列行为之一，经批评教育不改的，视情节轻重，分别给予扣除一定时期的奖金、扣除部分工资、警告、记过、降级、辞退、开除等处分：

(1) 违反国家法规、法律、政策和公司规章制度，造成经济损失或不良影响的。
(2) 违反劳动法规，经常迟到、早退、旷工、消极怠工，没完成工作任务的。
(3) 不服从工作安排和调动、指挥，或无理取闹，影响经营秩序、工作秩序的。
(4) 拒不执行公司决议及总经理、经理或部门领导决定的，干扰工作的。
(5) 工作不负责，损坏设备、工具，浪费原材料、能源，造成经济损失的。
(6) 玩忽职守，违章操作或违章指挥，造成事故或经济损失的。
(7) 滥用职权，违反财经纪律，挥霍浪费公司资财，损公肥私，造成经济损失的。
(8) 财务人员不坚持财经制度，丧失原则，造成经济损失的。
(9) 贪污、盗窃、行贿受贿、敲诈勒索、赌博、流氓、斗殴，尚未达到刑事处分的。
(10) 挑拨是非，破坏团结，损害他人名誉或领导威信，影响恶劣的。
(11) 泄露公司秘密，把公司客户介绍给他人或向客户索取回扣、介绍费的。
(12) 散布谣言，损害公司声誉的。
(13) 利用职权对员工打击报复或包庇员工违法乱纪行为的。
(14) 有其他违章违纪行为，行政人事部或总经理应予以处罚的。

员工有上述行为，情节严重，触犯刑律的，提交司法部门依法处理。

第十条　员工有上述行为造成公司经济损失的，责任人除按上条规定承担应负的责任外，按以下规定赔偿公司损失：

(1) 造成经济损失 5 万元以下（含 5 万元），责任人赔偿 10%～50%。
(2) 造成经济损失 5 万元以上，由监察部报总经理或董事长决定责任人应赔偿的金额。

第十一条　给予员工行政处分和经济处罚，应当慎重决定。必须弄清事实，取得证据，经过一定会议讨论，征求有关部门意见，并允许受处分人进行申辩。

第十二条　调查、审批员工处分的时间,从证实员工犯错误之日起,开除处分不得超过 2 个月,其他处分不得超过 1 个月。

第十三条　对员工进行处分,应书面通知本人,并记入档案。

第十四条　处分决定不服的,允许按监察制度规定提请复议;对复议决定不服的,允许向上级主管机关申诉。

第十五条　受处分的员工,在处罚事项未了结之前,不得调离公司(公司宣布辞退、开除的除外)。

第十六条　受处分的员工,能改正错误、积极工作,在 1 年内弥补经济损失或完成利润指标的,经所在部门提议或本人要求,监察部或监察委员会审核后呈报总经理或董事会批准,可酌情减轻或免除处分。

情境分析 4-4

"没有规矩,就不成方圆。"企业的奖惩制度就是建立规矩的标尺。小吴触犯了这个标尺,符合惩罚条例第九条的第一项和第九项,所以,小吴必须受到相应的处罚。由于小吴认错态度较好,公司限期让他归还所有借款,并将其辞退。在职场遵纪守法、遵守规章制度是每一个职业人不可逾越的底线。

三、训练与感知

数字传递

1. 活动目的

感知队员间的默契配合,分享在受到奖惩后的不同感受。

2. 参加人数

全体人员参加。

3. 活动时间和场地

活动时间为 25 分钟,分享时间为 15 分钟;活动场地为教室。

4. 活动道具

白纸和笔(每组 1 份),奖品(得胜组每人 1 份)。

5. 活动规则和流程

(1) 分组:每组 5~7 名组员;不少于 4 个组,每组人数一致。

(2) 每组选出 1 名组员做监督员。其他组员排成纵队,背向黑板方向。白纸和笔放在每组最后一个组员身后。

(3）教师让第一名组员看一个数字，然后逐个向后用肢体语言传递这个数字（不能说话），一直传递到最后一个组员，这名组员把他传递得到的数字写在白纸上。监督员根据传递的速度和准确度评判打分，选出最快、最准确的小组。

(4）比赛连续3局，每局间隔2分钟。第一局胜利组得5分，第二局胜利组得8分，第三局胜利组得10分。

(5）传递的数字由教师现场确定，共为3个数字，第一局传递的数字可以简单些，后两局可以逐渐增加难度（如0，70，0.01等）。

(6）三局全部结束，获得最高分的小组为优胜者，最低分组为失败组。优胜组获得奖励（奖品自定），失败组可以罚做10个俯卧撑（全组队员）。

复习思考题

1. 请详细阅读案例导入4-2的内容，并谈谈自己的看法。
2. 企业为什么需要设置奖惩制度？

情境导入4-5

最近美容会所工作很忙，小白的师傅又去参加新项目业务学习，店里人手比较紧张。就在这个时候，小白的母亲打电话给她，说她的一位远房伯伯住院了，希望小白能请假去看看伯伯。对于小白来讲，虽然是远房伯伯，但平时都有来往，从礼节上讲应该去探望，不过面对店里目前的状况，小白有些犯难。小白到底该不该请假呢？

任务五　美容行业企业休假与培训考核

美容行业经过几十年的发展，企业规模不断扩大并完善，人力资源的管理也在不断规范。休假制度、培训考核制度是人性化管理和绩效管理的主要体现。由于这关系到每个员工的个人权益，因此，有必要了解美容行业企业休假与培训考核。

一、美容行业企业休假管理

美容行业是服务行业，由于行业的特殊性，节假日以及休息安排都有自身的特点。当其他行业员工放假休息时，往往也是美容行业最繁忙的时候。例如，美容会所（院）平时上班时间也是很多行业的工作时间，很少有人到美容会所（院）做美容，从而形成顾客多选择下班后或者周末做美容服务的习惯，节假日更是美容会所（院）最忙碌的时候。如果这个时候美容会所（院）也休息的话，就会失去大部分顾客，影响美容会所（院）的利益。所以，美容行业的休假制度具有以顾客为导向的特点。

(一) 排班管理

良好的排班制度让服务行业人员能够进行人力最大化管理。根据人力配置预定来店的顾客数量,让人人都有目标,从而形成相等的起伏变化。一般来说,排班方式有两班制和全班制两种形式。

1. 两班制

两班制是指将企业人力分为两个时间段上班,一般包括早班和晚班。根据营业时间不同,设定工作时间不同。这种形式多见于下游终端服务企业。

例如,某企业工作时间为 9:00—21:30,早班为 9:00—16:30,晚班为 14:00—21:30。两人一组,互轮早班、晚班各一周。如果其中有一人请假,则由另一人代班,上全天班。中间时段是顾客最多的时间,也是人力最紧张的时候。另外,实行两班制的企业,在周六、周日时,除休假员工外,均上全天班,中间休息 2.5 小时,以密集的人力编制来应对营业高峰期。每位员工每月休假日由店长根据门店营业情况调配。

2. 全班制

全班制是企业只有一个统一的上班时间,一般每天工作 8 小时,即朝九晚五排班制。每周休息 1 天。这种形式一般多见于中、上游企业。

由于美容行业企业经营性质的特点,员工一般没有十分规律的上、下班时间。在他们眼里更看重的是业绩,靠多劳多得换取自己想要的回报。所以,行业的性质不同,从业人员看待问题的角度也不同。

(二) 休假管理

美容行业企业休假制度除了执行国家法定假期以外,主要根据企业经营特点而设定。

1. 法定节假日

法定节假日共有 15 天:元旦 1 天;春节 7 天;清明节 1 天;五一节 1 天;端午节 1 天;国庆节 3 天;中秋节 1 天。

2. 带薪年休假

企业年假的设置往往根据企业的特点和需要而确定,不同的企业有不同的年假制度。

案例导入 4-3

员工在本单位工作满 1 年、不满 10 年的,带薪年休假 5 天;满 10 年、不满 20 年的,带薪年休假 10 天;满 20 年的,带薪年休假 15 天。

有下列情形之一的,不享受当年的年休假:

(1) 请事假累计 15 天以上的。

(2) 工作满 1 年、不满 10 年的职工,请病假累计 2 个月以上的。

(3) 工作满 10 年、不满 20 年的职工,请病假累计 3 个月以上的。

(4) 工作满 20 年以上的职工,请病假累计 4 个月以上的。

3. 病假

病假是员工生病的休假需求，需要有医院的诊断证明。不同的企业对病假的处理规定也各有不同。

案例导入 4-4

员工依据医院诊断休病假。病假期间发放 x% 基本工资。说明如下：

（1）病假 3 天以内，必须出示正规医院开具的病假条或购买药物的小票；超过 3 天（含 3 天），必须出示正规医院开具的诊断证明和病假条。

（2）员工请病假，请假规定及流程与事假相同（提前请假）。因极特殊原因，未能提前办理请假手续，当天电话请假的，必须先请示部门经理同意，再由部门经理告知人力资源部，事后及时补办请假手续。如未获确认或未及时（2 天内）补办手续者，所休假期按旷工处理。

4. 事假

事假一般为不带薪假。企业为了不影响正常运营，往往对事假都有相应的规定。

案例导入 4-5

（1）员工请事假，必须至少提前一天申请并填写《请假申请单》，公司不予批准任何人以任何理由当天临时请假，如强行休息以旷工处理。

（2）请假在两天内，必须同时由部门经理和人力资源部经理签字批准后，方可休假；连续请假在 3 天以上（含 3 天），必须由总经理批准后方可休假。

（3）事假期间按天扣除基本工资。其他参见奖惩制度。

（4）婚假。婚假为 3 天，凡符合国家规定的晚婚年龄（女方满 23 周岁，男方满 25 周岁）的初婚假期可延长至 10 天。凡按《婚姻法》规定请婚假者，应提前一周填写《请假申请单》，经部门或负责人批准后，报人力资源部核准；享受婚假的员工应出示有效婚姻证明，婚假为有薪假期（基本工资）。

（5）产假。女性员工产假为 98 天，其中产前假最多不得超过 30 天。

（6）陪产假。男性员工可在配偶生产时连续使用带薪（基本工资）假 3 天。

（7）丧假。请假手续同事假；凡员工直系亲属（包括父母、配偶、子女）和配偶的父母亡故需办理丧事的，给予 3 天丧假。

情境分析 4-5

小白在请不请假这件事情上犹豫不决，说明小白对美容会所的请假制度是比较清楚的。首先，会所工作忙，人手紧张，这个时候请假一定会影响企业经营；其次，依据请假制度，不是直系亲属是不具备请假条件的。小白向店长讲述了自己的情况，店长安慰了小白，并亲自给小白的母亲打电话讲明情况，又督促小白给生病的伯伯打电话，安慰伯伯保重身体。小白得到长辈们的理解，都鼓励她好好工作。

二、美容行业企业培训考核

美容行业是朝阳行业，不仅行业年轻、从业者年轻，而且美容项目和产品更是不断出新。在美容行业如果一年不学习，一定会有落伍的紧迫感。为了达到统一的技术标准、服务标准、管理标准和评估标准，让员工通过一定的培训，达到预期水平，提高绩效目标，提升团队战斗力以及个人能力。

培训是向新员工或现有员工传授其完成本职工作所必需的正确思维认知、基本知识和技能的过程。

(一) 企业培训分类

1. 入职培训

培训对象一般为新入职的员工（包括现代学徒制学生）。培训时间在1~3个月之间。培训内容以心态调整、技能达标为主。

2. 员工进修培训

培训对象为在职员工。培训时间为1~7天。培训内容以新项目、新技能、新标准、新观念为主。随着现代学徒制的推广，企业员工可以在岗位上获得系统的学历提升，对企业员工来讲，这是个利好消息，可以拿着工资上大学；对企业来讲，请大学老师给在职员工上课，能够使企业专业知识深化、专业技能规范，无疑是求之不得；对美容行业来讲，迎来了全面提升美容从业者整体素质的春天。

(二) 企业培训内容

1. 心态培训

在美容行业心态培训必不可少，意在建立和调整员工的积极、正面心态，从而为完成岗位工作任务创造良好的心理条件。

2. 理念培训

理念培训是使企业员工在思维方式和观念上与企业同步，树立与工作环境相适应的新观念和新思维方式，培养从多角度看问题的能力。

3. 能力培训

能力培训需要时间，贯穿整个工作过程，包含对完成任务的理解（内容的掌握和实施）与支持（技术、管理、协调能力等）。

4. 个人技能培训

个人技能培训主要包括基本技能（如手法）和高端美容技术（如仪器操作）等。个人技能的高低，是企业培训的基本内容。通过技能培训，能够使新员工熟悉企业的服务项目、掌握技能标准、快速适应岗位的需求，能够使老员工学习掌握新技术、提高业务水平、保证企业营运目标的达成。

（三）美容行业入职培训考核

企业为了更快地让新员工融入企业，认同企业文化，加强专业知识与技能，专门设置岗前培训考核，对新员工进行有效的培训考核，使新员工明确工作职责和任务，掌握并达到企业的技术标准，使其从心态到技能水平都能够达到岗位工作标准。

1. 入职培训考核目的

（1）发现新入职员工的优势和潜能，找出其缺点和不足。

（2）了解其对企业所处行业、战略发展及企业文化的认同程度。

（3）了解其职业趋向，为合理配置工作岗位提供客观依据。

2. 入职培训考核原则

第一，依据能力和潜力为主，业绩能力为辅的原则；第二，掌握岗位不同、标准不同的原则；第三，遵循考核标准尽可能量化的原则。

3. 入职培训考核目标

新员工入职后必须掌握以下 4 个培训考核目标，合格后方可上岗。

（1）熟记企业愿景与企业文化（含企业规章制度）。

（2）具备基本的职业道德与职业素养。

（3）专业技能操作熟练，手法符合标准，并能够熟练地讲解专业理论知识。

（4）具备与岗位相关的工作能力。

4. 入职培训考核大纲

美容行业每个企业都有自己的入职培训大纲，内容和要求也各有不同。

案例导入 4-6

1. 培训考核目的

强化学员将在校知识转化为职业技能，同时提高仪容仪表、标准用语、服务接待、美容项目操作、产品知识、团队精神、口才表达等综合能力，以最好的状态进入工作岗位。

2. 管理方式

（1）管理形式：建立连-排-班管理形式，连长、排长由教师担任，班长及班委通过选举产生。

（2）PK 机制：设置团队、个人 PK 机制（详见 PK 机制）。

（3）班委职责：每周举行一次班会，竞选班委成员（全员参与），班委职责如下：

① 班长：执行教官及排长的指示，负责本班所有工作的落实监督；安排好本班各委员的每周工作，做好本班的每周班会；团结好本班成员，不抛弃、不放弃任何一个学

员;及时与教官和排长保持沟通,务必完成每周成果目标,随时做好一切细节调整工作。

② 副班长:协助班长各项工作在本班的落实和执行。

③ 学习委员:协助教师做好每天的技术训练,达成每天所学项目人人过关;管理好本班的所有学习用品和学习耗材;组织本班学员进行学风建设,督促学员学习,关注本班学习情况,并在每次的总结会上反映情况,协商解决方法;组织本班学员进行学习经验交流、分享,争当每周冠军。

④ 纪律委员:监督好本班训练期间考勤纪律,并记录好出勤情况,认真监督执行;监督宿舍纪律,按时起床,每天晚间 22:00 后不得外出,23:00 宿舍全部关灯休息;登记好每堂课本班学员行为准则,负责每次班会总结分享时间及纪律把控,保证班会高效、圆满完成。

⑤ 生活委员:做好本班学员的用餐情况跟进,保证每位学员都能按时用餐,监督本班学员是否有饭菜浪费的现象;保管好公司所提供的物品,关心在培训期间有特殊需求照顾的学员;按宿舍卫生要求标准,每天检查并记录,物品摆放统一整齐,床上用品统一摆放;组织本班学员对负责区域的卫生进行打扫。

(4) 考核:每周进行考核、评比、总结。

3. 培训计划

岗前培训计划见表 4-5-1。

表 4-5-1 岗前培训计划

培训时间	培训内容	备注
4 天	军训	锻炼意志,服从命令,吃苦耐劳,团队精神
每天早晨 7:30—8:30	团队打造:晨会,晨练,团队舞蹈	7:00 准时起床洗漱,学生主持,晨练,诵读企业文化,职业礼仪练习,培养职业自豪感、开口说话及组织力和执行力
8:30—9:00	早餐	9:00 准时课室集合点名
10 天 9:00—2:00 (公共课程)	企业文化	全产业链企业优势,高科技美肤特色,美加美岗位特色与优势
	素质训练标准	形象、礼仪、仪容仪表、标准用语、服务接待、综合素质全方面提升,熟悉并掌握企业标准
	优质服务全流程,床品文化	了解美容会所整套工作流程,熟练掌握产品知识及操作
	操作基本功训练	面部护理流程操作手法,身体护理流程操作手法
	美加美高端美容仪器知识及操作技术	掌握美加美高端美容仪器操作,熟悉并掌握美加美高端美容项目的组成
15 天 9:00—12:00 (品牌课程)	品牌文化与市场特色	熟知品牌文化特色、市场特色
	品牌品项结构特色	熟记并能清晰讲解品牌各类产品特色
	品牌单品培训	熟记并清晰讲解单品功效、特色、用法
	品牌套盒培训	熟记并清晰讲解套盒的原理、功效、操作使用方法及护理流程

(续表)

培训时间	培训内容	备注
15天 9：00—12：00 （品牌课程）	美导市场服务指导	了解品牌市场特色，清楚在市场服务应具备的基本能力
	优秀员工代表分享	每周安排一个优秀员工代表进行分享（具体分享时间根据各岗位分享人的工作安排另行通知）
12：00—14：00	午餐，午休	补充能量，劳逸结合
25天 14：10—17：30	实操训练	掌握操作要领和技巧
17：30—18：30	晚餐	补充能量，中间休息
19.00—20.30	复习总结 培训考核	每日复习总结，及时纠偏 每周培训课程综合考核
20：30—21：00	团队互动，学习分享	通过团队互动游戏增强团队意识，团结互助；通过分享，加深学习体会，锻炼口才
22：00后	统一休息	23：00必须熄灯；22：00后不允许外出，教师点名

案例导入4-7

美容会所(院)新员工入职培训大纲

1. 第一环节内容

①美容会所企业简介、人员介绍、企业前景分析；②产品功能及收费标准；③手法操作、穴位定位考察。

2. 第二环节内容

①专业理论知识：皮肤学；②手部柔软操；③手法训练。

3. 第三环节内容

①情景演练；②复习（加强纠正穴位定位、手法操作）。

4. 第四环节内容

①咨询、面对面、电话演练；②手法操作练习。

5. 第五环节内容

①企业管理制度；②皮肤类型及分析。

6. 第六环节内容

①化妆技能训练；②仪器使用；③各种类型皮肤护理技巧。

7. 第七环节内容

①资料、档案的使用；②资料卡填写；③店务服务流程；④口述如下标准话术：开门、带客参观、美容室操作服务、填写资料卡、送客、电话预约。

8. 第八环节内容
①演练全套护理流程；②操作示范、流程强化训练、考核。
9. 第九环节内容
①美容仪器操作训练；②考核。
10. 第十环节内容
①全面考核：工作流程、理论知识与专业技能手法、标准话术。

从以上两个案例可以看出，美容行业非常重视培训考核，因为顾客是企业的衣食父母，把这么重要的人物交给你，企业是慎之又慎，所以，企业聘用的每一个员工必须经过严格的培训考核，才能够正式上岗。作为员工，通过岗前培训能够对企业更加了解，对工作内容和职责更加清晰，对自己的发展目标更加明确，为自己在企业平台施展能力打下基础。

三、训练与感知

培训会

1. 活动目的

感悟热情或冷漠对培训效果的影响；感悟对受到鼓舞或打击时的心理变化。

2. 参加人数

全体员工参加。

3. 活动时间和场地

活动时间为 30 分钟，分享时间为 10 分钟；活动场地为教室。

4. 活动规则和流程

(1) 培训题目是"皮肤组织结构"。

(2) 教师提前 1 天挑选出两名学员准备讲课内容。

(3) 选出一名学员做培训会的主持人；备课的两名学员分先后演讲，每人演讲 10 分钟；两位演讲人不能同时参加演讲会，一人演讲时另一人回避。

(4) 演讲时听众对两位演讲人分别呈现两种态度：一种态度是积极的，不断给演讲者掌声；另一种态度是冷漠的，有的说话，有的玩手机。在什么时候听众呈积极态度，在什么时候听众呈冷漠态度，由教师临时决定。

5. 活动分享

主持人选择两名听众讲述对这次活动的感想；两位演讲人也分别谈谈自己的感想。

6. 活动总结

给别人赞扬和掌声，是对别人的最大尊重。

复习思考题

1. 你了解美容行业的排班制和休假制吗？为什么这样设置？
2. 为什么要进行入职培训考核？
3. 入职前为什么要进行心态培训？主要是用来解决什么问题？为什么？
4. 认真阅读美容会所(院)的入职培训计划，根据你对培训考核的理解，设计一份你对新员工的培训计划。

单元五
岗位创新

学习目标

1. 培养树立创新意识。
2. 掌握美容行业企业创新方向。

小白已经走上店长的岗位,肩上的担子更重了。通过几年的工作,她感到这家经营了 20 多年的美容会所由于管理模式的陈旧使管理工作举步维艰,严重影响了企业的发展。例如,顾客档案堆积如山,要想找到一位顾客的资料,费时、费工,还容易出差错;会所沉积太多没有完全消耗的呆卡、死卡,成为企业发展的潜在威胁;更头痛的是产品消耗因为没有标准而无法统计,造成极大的浪费。另外,企业虽然是连锁经营,可是每家店的服务标准不同,使顾客产生疑虑,等等。这些问题已经影响了会所的业绩和发展,小白应该怎么做?

一、认知创新意识

创新是以现有的知识和条件,在特定的环境中,改进或创造新的事物并能获得一定有益效果的行为。创新意识是指人们根据社会和个体生活发展的需要,引起创造新事物、新观念的动机,以及在创造活动中表现出的意向、愿望和设想。它是人类意识活动中一种积极的、富有成果性的表现形式,是人们进行创造活动的出发点和内在动力,是创造性思维和创造力的前提。

(一)创新意识的构成

创新意识由创造动机、创造兴趣、创造情感和创造意志构成。也就是说,当你具备这 4 个要素时,才可能具备创新意识。

1. 创造动机

创造动机是创造活动的动力因素，它能推动和激励人们发起和维持进行创造性活动，如强烈的事业心、名利、责任心等。

2. 创造兴趣

兴趣能促进创造活动的成功，是促使人们积极寻求新奇事物的心理倾向，如读书、销售、动手操作等。

3. 创造情感

情感是引起、推进乃至完成创造的心理因素，只有具有正确的创造情感，才能使创造成功，如责任心、好胜心、助人为乐等。

4. 创造意志

意志是在创造中克服困难，冲破阻碍的心理因素，创造意志具有目的性、顽强性和自制性，如吃苦耐劳、坚韧不拔、越挫越勇等。

（二）创新意识对企业的作用

1. 创新意识决定创新能力

创新能力是企业发展能力的代名词，是一个企业可持续性发展能力大小的标志。

2. 创新意识促成社会多种因素的变化

创新意识推动社会的全面进步，从而有利于企业的发展。

3. 创新意识能促成企业人才素质结构的变化

创新意识确定了一种新的人才标准，代表人才素质变化的性质和方向。企业需要充满生机和活力的人、有开拓精神的人、有新思想道德素质和现代科学文化素质的人。

二、美容行业企业创新方向

（一）管理创新

管理创新是指企业把新的管理要素（如新的管理方法、新的管理手段、新的管理模式等）或要素组合引入企业管理系统，以更有效地实现组织目标。

1. 管理创新的必要性

（1）管理创新是现代知识经济和科学技术的要求。随着现代知识经济和科学技术的发展，企业要保持可持续性发展，必须创新。

（2）管理创新是激烈市场竞争的要求。全球信息化为经济市场化、国际化提供了生产力基础，企业的生存必将是全球范围内的生存。这既给企业带来了机遇和挑战，又给企业带来了更高的要求与残酷的竞争。只有敢于创新，才能应对挑战和竞争。

（3）管理创新是改变企业现状、深化企业改革的要求。要提高企业的经济效益，其经济增长方式必须发生转变，要由"总量增长型"向"质量效率型"转变。促使企业深化改革，加快创新的步伐。

2. 管理创新的基本条件

为使管理创新能够有效地进行,必须创造以下 5 个基本条件。

(1) 企业创新员工应该具有良好的心智模式。心智模式是指由于过去的经历、习惯、知识素养、价值观等形成的基本固定的思维认识方式和行为习惯。良好的心智模式是实现管理创新的关键。

(2) 企业创新员工应该具有较强的能力结构。企业员工必须具备一定的能力才能完成管理创新,这种能力包括核心能力、基本能力和综合能力。核心能力突出地表现为创新能力;基本能力包括将创新转化为实际操作方案的能力,即从事日常管理工作的各项能力;综合能力则是控制协调加快进展的各项能力。

(3) 企业应该具备较好的基础管理条件。基础管理主要指一般的、最基本的管理工作,如技术档案、统计数据、信息收集归档、工作规则、岗位职责等。管理创新往往在基础管理基础上才有可能产生,因为好的基础管理,可以提供许多必要的、准确的信息、资料、规则,这本身有助于管理创新的顺利进行。

(4) 企业应该营造一个良好的管理创新氛围。企业员工能够有创新意识、有效发挥其创新能力是与身处良好的创新氛围有关的。在良好的工作氛围下,人们思想活跃,新点子产生得又多又快;如果缺乏这种氛围,则可能导致人们思想僵化、思路堵塞、头脑空白。

(5) 管理创新应该结合本企业的特点。企业之所以要进行管理创新,是为了更有效地整合企业资源以完成企业的绩效目标和工作任务。因此,创新就不可能脱离企业的特点。

情境分析 5-1A

小白工作的会所是一家经营了 20 多年的美容连锁企业,客情关系良好,在当地小有名气。由于一直存在小白发现的问题,管理层对开发新店没有信心,甚至认为无法管理。大家都意识到改革创新势在必行。在董事长的亲自带领下,企业专门成立改革创新领导小组,分头开展市场调研,到其他优秀企业学习考察。他们很快形成改革创新方案,主要是做 3 件事情:第一,引进美智通管理软件系统,将美容会所的管理全面纳入美智通智能化创新管理中。解决的核心问题是员工系统管理(内含员工排班、派工等)、客户系统管理(内含客户档案、客户基本资料、购买品相资料等)、物料管理(内含物料配比标准、产品仓存状态、仓存状态提醒等)、品相系统管理(内含护理方案、产品资料、项目组成、操作流程等)、财务系统管理(内含月、季、年报表、各岗位绩效等)、运营系统管理(内含各会所整体工作安排、各会所绩效目标、人员安排、培训考核目标等)。第二,限时处理呆卡、死卡。随着美智通智能化创新管理的全面执行,杜绝了呆卡、死卡的形成。对以往的呆卡、死卡,企业组成专门小组设计新的项目方案以消耗呆卡、激活死卡,在一定时间内解决这个问题。第三,设置调配岗位,建立产品使用标准,选择最佳量具,本着易、快、准的原则,在各会所推广。

改革创新是要产生阵痛的。开始小白和高管们推行创新阻力重重,甚至有的高管还产生了动摇思想,但董事长坚定地告诉大家,这是企业的生死关头,必须坚持创新。这样坚持几年,企业发生巨大变化,又迅速发展了十几家新的美容会所,不仅得到许多社会荣誉,更是得到顾客的信任和推崇。企业高管们由衷地说:"创新让我们的管理工作变得轻松、准确;让员工的工作任务变得清晰、高效;让提供的美容服务变得标准、优质。"

(二)服务创新

服务创新就是使顾客和潜在顾客感受到不同于从前的崭新内容,包括新的服务概念、新的服务方式、新的人文环境。

1. 服务创新途径

(1)全面创新。借助技术的重大突破和服务理念的变革,创造全新的整体服务。

(2)局部创新。利用小发明、小创新或通过构思精巧的服务概念,使原有的服务得到改善。

(3)形象创新。企业通过改变服务环境、伸缩服务系列、命名新品牌来重新塑造新的服务形象。

(4)改型变异。通过市场再定位,创造出在质量、档次、价格方面有别于原有服务的新的服务项目,但是服务的核心技术与形式不发生根本变化。

(5)外部引入。通过购买服务设备、聘用专业人员或获准特许经营等方式,将现成的标准化的服务引入企业中。

2. 服务创新思路

进行服务创新,必须考虑以下8个方面。

(1)注意对顾客需求的把握。因为80%的服务概念来源于顾客,顾客群体消费习惯的改变、价值观的改变都会推动服务创新。

(2)善待顾客的抱怨。顾客的抱怨往往表明服务有缺陷或者服务方式应当改进,这正是服务创新的机会。以耐心、关怀来巧妙解决顾客的问题,是服务创新的基本策略。

(3)服务要有弹性。服务往往面对众人,每个人都有自己的期望和需要,因此,良好服务需要保持一种弹性。服务有许多难以衡量的东西,单纯追求标准反而很难满足众人的需要。

(4)服务创新的主体是人。通常顾客对服务品质好坏的评价,是根据他们同服务人员打交道的经验来感受和判断的,所以,服务创新不可以忽略企业员工。

(5)要在产品中体现服务。如何在产品中体现服务?具体表现就是必须把顾客的需要体现在产品设计上。在产品设计中体现服务,是一种未雨绸缪的创新策略。要使顾客满意,企业必须建立售前、售中、售后的服务体系,并对体系中的服务项目不断更新。服务的品质是一个动态的变量,只有不断更新,才能维持其品质不下降。售前的咨询、售中的指导、售后的培训等内容会随着时间的推移性质发生变化,原来属于服务的部分被产品吸收,创新的部分才是服务。所以,企业不创新,就没有服务。

(6)把"有求必应"与主动服务结合起来。一个企业要在竞争中取胜,仅仅做到"有求必应"是不够的,要把被动地适应顾客变为主动地关心、主动地探寻顾客需求,是服务创新思考的主要内容。

(7)无条件服务与合理约束顾客期望相结合。企业最大限度地满足顾客需要、无条件地服务顾客,是达到一流服务水平的基本原则,但合理约束顾客的期望常常是必要的。顾客对服务品质的评价,容易受其先入为主的期望影响,当他们的期望超过企业提供的服务水准时,他们会感到不满。企业有必要严格控制对顾客的承诺,避免顾客产生过高的期望。正确地处理无条件服务与合理约束两者的关系,是企业在服务创新中面临的挑战。

(8) 企业硬件建设与企业文化相结合。通过企业硬件建设和企业文化的凸显,增加顾客的认知度,提高顾客的心理满足感和信任感,这是服务创新不可缺少的内容。

情境分析 5-1B

作为美容连锁企业,保证服务质量是非常重要的。如何在多家美容会所中保证专业、优质的服务?小白和高管们改变以前传统的以店为单位的服务标准,创立"优质服务全流程"标准,包括接待流程标准、咨询流程标准、操作流程标准等一系列服务标准。在企业全面推行服务标准化。通过培训、考核、对决等多种形式,快速在各美容会所执行落地。其结果是顾客更加信任企业,企业知名度广泛传播,经营业绩持续飘红。

(三) 技术创新

技术创新是以创造新技术为目的的创新。例如,创造一种新技术,或者在某种技术的基础上开发一种新产品或新项目。技术创新是企业可持续发展的重要保障。在美容行业突出的表现为高新技术创新。

随着科学技术的发展,生产技术和产品结构越来越复杂,它要求企业加速技术创新,以满足技术发展高度和加工深度的要求,保持企业持续稳定发展。美容行业的高新技术主要体现在现代生物技术和新材料生产技术方面。能否及时地推出新产品,是否具有技术领先地位,对企业的市场占有率及市场扩展潜力有决定性的影响。

情境分析 5-1C

美容行业是一个不断创新的行业。企业必须保持高效的创新状态,才能适应消费者的需求。小白和高管们经过对顾客需求分析,2017年果断首创"美加美高端美肤"项目,引进专业人才,打造专业氛围,通过将高端美容仪器与现代生物技术产品有效结合,使声光电的物理效应与产品的生物效应叠加、互补、倍增,具有效果优势、便捷优势、科学优势和多项附加优势。更重要的是,"美加美高端美肤"得到顾客的认可与喜爱,超额完成了企业绩效目标。

复习思考题

1. 简述创新意识对企业的作用。
2. 简述管理创新的基本条件。

美容行业企业认知

 《小白成长记》

您想知道小白后来的故事吗？请扫描下面的二维码,《小白成长记》会告诉您。

扫一扫,即可观看

主要参考文献

[1] 金玉阶,孙宁华.现代企业管理原理.广州:中山大学出版社,1995.
[2] 经理人培训项目编写组.培训游戏全案沟通(第3版)》.北京:机械工业出版社,2014.
[3] 张立秋,关怡,胡盛林.企业绩效管理实用手册.北京:北京九州出版社,2014.
[4] 李太林.绩效核能101.北京:北京工商联合出版社,2014.
[5] 侯先荣,吴奕湖.企业创新管理理论与实践.北京:电子工业出版社,2003.

附录一
综合练习题

一、填空题

1. 职业素养是指职业内在的（　　　），是个体在职业活动过程中表现出来的（　　　）。

2. 美容行业职业道德包括遵纪守法、（　　　）、礼貌待客、热忱服务、认真负责、（　　　）、实事求是、诚信公平、尊重事实、努力学习、钻研技术。

3. （　　　）是对自己事业的不求回报和全身心的付出。

4. 职业价值观是一种具有明确（　　　）、自觉性和坚定性的职业选择态度和行为。

5. 我们凭借（　　　）、适应环境、化工作压力为动力、低调做人、高调做事、设立工作目标、做自动自发的人、服从第一、（　　　）进入企业。

6. 我们需要修炼的四大职场能力有（　　　）、与人沟通能力、（　　　）和团队合作能力。

7. 工作中在（　　　）、失误成本、资产成本、（　　　）、采购成本5个方面要有成本控制意识。

8. 岗位责任是指一个岗位所要求的，需要去完成的（　　　）以及应承担的（　　　）。

9. 中国美容行业近几十年的发展，大致可分为4个时期：生活美容时期、（　　　）、大医美时期和（　　　）。

10. 企业价值观是企业及其员工的（　　　），是指企业在追求经营成功过程中所推崇的基本信念和奉行的目标。

11. （　　　）是企业市场部门基础人才；在市场上是厂家与代理商之间的沟通桥梁，完成企业每月的回款任务，独立完成职责市场各种活动统筹。

12. 从（　　　）年开始，中国美容行业进入了高科技美肤时代。

13. 美容行业产业链共分3种，分别为（　　　）、中游和下游。三者之间存在着（　　　）的关系。

14. （　　　）是以现有的知识和条件，在特有的环境中，改进或创造新的事物并能获得一定有益效果的行为。

15. 企业把新的管理要素或要素组合引入企业管理系统，更有效地实现组织目标的活动，这就是（　　　）。

16. 服务创新是顾客及潜在顾客感受到不同于以前的崭新内容，包括新的服务概念、

（　　　　）、新的人文环境。
17. 服务创新途径包括全面创新、局部创新、（　　　　）、改型变异和外部引入。
18. 随着互联网的发展、普及，信息来源更加快捷、广泛，人们对美容养生的要求越来越（　　　　）。
19. （　　　　）成为美容行业的核心项目。
20. 产业链中大量存在着（　　　　）和相互价值交换。
21. （　　　　）是企业的流程运转、部门设置及职能规划等最基本的结构依据。
22. 良好的（　　　　）是由爱岗敬业、忠诚奉献、积极乐观、用心合作以及始终如一构成。
23. 如何做一个始终如一的人？第一明确目标；第二（　　　　）；第三行胜于言；第四提高认知。
24. 岗位是企业为完成工作任务而确立的，由（　　　　）和等级内容组成。
25. 美容行业关键岗位包括助理美容师、（　　　　）、助理美容导师和美容导师等。
26. 绩效考评项目包括（　　　　）、工作能力和工作态度。
27. 薪酬管理不但关系到企业的（　　　　），还与企业的（　　　　）密切相关。
28. 现代薪酬管理的四大目标是吸收优秀员工、（　　　　）、发挥激励作用和体现公平原则。
29. 奖惩制度是对劳动者在劳动过程中的一定行为给予（　　　　）的总称。
30. 美容行业企业休假制度除了执行国家法定假期以外，主要根据企业（　　　　）而设定。
31. 企业培训内容包括心态培训、理念培训、能力培训、（　　　　）。
32. 生活美容与医疗美容的服务对象都是（　　　　）。

二、单选题

1. 职业道德是一般社会道德在（　　　　）中的具体表现。
   A. 生命活动　　　B. 劳动过程　　　C. 与人交往　　　D. 职业生活
2. 职业素养的核心是（　　　　）。
   A. 职业道德　　　B. 职业信念　　　C. 职业形象　　　D. 职业价值观
3. 企业为我们的职业生涯提供了（　　　　）。
   A. 工资福利　　　B. 目标方向　　　C. 平台机会　　　D. 工作机会
4. 我们需要修炼的6种工作意识包括责任意识、积极主动意识、保密意识、时间管理意识、（　　　　）和成本控制意识。
   A. 销售意识　　　B. 管理意识　　　C. 服务意识　　　D. 抗压意识
5. 树立员工的（　　　　）就是要使员工树立节约资源的思想。
   A. 勤俭意识　　　B. 节约意识　　　C. 成本意识　　　D. 吃苦耐劳
6. 形成工作业绩反差的根源在于每个人对（　　　　）与使用效率上存在着巨大差异。
   A. 财产管理　　　B. 时间管理　　　C. 效率管理　　　D. 物品管理
7. （　　　　）就是对自己的工作毫无怨言地付出和承担。
   A. 管理　　　　　B. 奉献　　　　　C. 热爱　　　　　D. 责任

8. 企业关键岗位直接关系到企业的（　　　）。
   A. 正常运营　　　B. 目标达成　　　C. 经营管理　　　D. 营销模式
9. （　　　）是指为了保证工作目标的实现，任职者必须具备的知识、技能、能力和个性等方面的要求。
   A. 岗位职责　　　B. 任职资格　　　C. 绩效考评　　　D. 职业道德
10. 绩效的基本含义是（　　　）。
    A. 结果和效果　　B. 收益和目标　　C. 成绩和收益　　D. 成绩和效果
11. 绩效考评是企业根据经营管理中的需求，对企业内部所有职能岗位的（　　　）进行测量与评价。
    A. 工作内容　　　B. 工作业绩　　　C. 工作绩效目标　　D. 工作质量
12. 绩效考评的原则是（　　　）。
    A. 全面性　　　　B. 合理性　　　　C. 准确性、全面性　D. 全面性、合理性
13. 近代中国美容起步是在20世纪（　　　）。
    A. 60年代末期　　B. 70年代末期　　C. 80年代末期　　D. 90年代末期
14. （　　　）是美容师职业活动的行为规范。
    A. 美学修养　　　B. 标准操作　　　C. 礼仪规则　　　D. 职业道德
15. 使用美容仪器对容貌与形体进行美化保养的方法，属于（　　　）范畴。
    A. 整形美容　　　B. 生活美容　　　C. 注射美容　　　D. 纹饰
16. （　　　）不属于医学美容范畴。
    A. 吸脂减肥　　　B. 下颌骨再造　　C. 痤疮护理　　　D. 隆鼻术
17. 在市场岗位中，助理美容导师的晋升方向是（　　　）。
    A. 区域督导　　　B. 技术专家　　　C. 培训总监　　　D. 美容导师
18. 大学毕业生应该怎样对待自己的第一份工作，以下说法错误的是（　　　）。
    A. 如果刚开始就觉得工作没什么意思，要及时地更换工作或者岗位。
    B. 在进入职业岗位前，应瞪大眼睛慎重地选择。
    C. 一旦进入岗位，就要干一行爱一行。
    D. 要在工作中善于观察、勤于思考、发现问题，解决问题。
19. （　　　）是指人们根据社会和个体生活发展的需要，引起的创造新事物、新观念的动机，并在创造活动中表现出的意向、愿望和设想。
    A. 创新意识　　　B. 服务创新　　　C. 技术创新　　　D. 管理创新
20. 创新意识是由创造动机、（　　　）、创造情感和创造意志构成。
    A. 创造动力　　　B. 创造兴趣　　　C. 创造机会　　　D. 创造环境
21. 创造一种新技术或在某种技术的基础上开发一种新产品或新项目，称为（　　　）。
    A. 管理创新　　　B. 服务创新　　　C. 技术创新　　　D. 设备创新
22. 职业生涯规划就是对职业生涯乃至人生进行（　　　）、系统的机会过程。
    A. 完美的　　　　B. 持续的　　　　C. 可行的　　　　D. 完善的
23. 当一个人在做职业选择的时候，无论如何都不会放弃的、至关重要的东西或价值观，就

是（　　　）。
　　A. 职业兴趣　　　B. 职业要素　　　C. 职业动机　　　D. 职业动机

24. （　　　）是企业及其员工的价值取向,是企业在追求经营成功过程中所推崇的基本信念和奉行的目标。
　　A. 企业文化　　　B. 企业价值观　　C. 企业精神　　　D. 企业信念

25. 企业经历的历程长,企业在经营中获得的（　　　）多,企业价值观的始终如一,都是优秀企业的标志。
　　A. 利益　　　　　B. 认可　　　　　C. 赞扬　　　　　D. 荣誉

26. （　　　）是企业的名称、产品或服务的商标,是构成企业独特市场形象的无形资产。
　　A. 荣誉　　　　　B. 品牌　　　　　C. 标识　　　　　D. 口碑

27. 团队精神的核心是（　　　）。
　　A. 协同合作　　　B. 凝聚力　　　　C. 团结　　　　　D. 自我牺牲

28. 行业规模是指（　　　）、劳动手段、劳动对象等生产要素和产品在行业里集中的程度。
　　A. 劳动者　　　　B. 劳动力　　　　C. 劳动程度　　　D. 生产力

29. 全产业链是以（　　　）为导向,从化妆品生产链源头做起,经过研发与生产、物流与营销、教育培训与人才输送、品牌推广、终端服务等各个环节,实现产品、服务可追溯的一条龙供给全过程。
　　A. 市场　　　　　B. 产品质量　　　C. 消费者　　　　D. 研发

30. 结构比较简单、责任分明、命令统一的组织结构形式是（　　　）组织结构。
　　A. 职能制　　　　B. 直线制　　　　C. 直线-职能制　　D. 单一制

31. 企业发展（　　　）的实质就是企业发展美好的未来。
　　A. 使命　　　　　B. 价值观　　　　C. 愿景　　　　　D. 规模

32. （　　　）是在职场上通过长时间的学习、改变形成的一种职业行为,最后变成习惯的一种职场综合素质。
　　A. 职业行为习惯　B. 职业素质　　　C. 职业信念　　　D. 职业规划

33. （　　　）是一种具有明确的目的性、自觉性和坚定性的职业选择态度和行为。
　　A. 职业信念　　　B. 职业素养　　　C. 职业道德　　　D. 职业价值观

34. 热爱自己的岗位,把工作当成自己的事业,工作过程精益求精,就是（　　　）的表现。
　　A. 爱岗敬业　　　B. 遵纪守法　　　C. 尽心尽力　　　D. 真心诚意

35. （　　　）是用心做事的最高境界。
　　A. 勤奋工作　　　B. 快乐工作　　　C. 用力工作　　　D. 追求完美

36. 个人与个人、群体与群体之间为达到共同目的、彼此相互配合的一种联合行动,称为（　　　）。
　　A. 团结　　　　　B. 团队　　　　　C. 合作　　　　　D. 配合

37. 始终如一的信念又被称为（　　　）。
　　A. 意志品质　　　B. 坚持性　　　　C. 自觉性　　　　D. 自制性

38. 任职资格是为了保证工作目标的实现而对任职者必须具备的（　　　）和个性方面的要求。
    A. 知识　　　　B. 技能　　　　C. 能力　　　　D. 知识、技能、能力

39. 绩效考评是企业根据经营管理的需求，对企业内部所有职能岗位的工作绩效目标进行测量与（　　　），从而提高工作效率，改进工作方法和业绩标准。
    A. 考核　　　　B. 核实　　　　C. 评价　　　　D. 衡量

40. 通过绩效考评确认员工对于企业的贡献，为（　　　）提供依据。
    A. 奖酬激励　　B. 表扬鼓励　　C. 改进工作　　D. 确定目标

41. （　　　）是指薪酬的构成。
    A. 薪酬管理　　B. 薪酬体系　　C. 薪酬分配　　D. 薪酬设计

42. 员工基本薪酬包括固定工资、敬业工资和（　　　）。
    A. 奖金　　　　B. 提成　　　　C. 相关补贴　　D. 福利

43. 薪酬管理是指对员工薪酬支付原则、薪酬策略、薪酬水平、（　　　）、薪酬构成进行确定、分配和调整的动态管理过程。
    A. 薪酬结构　　B. 薪酬体系　　C. 绩效奖金　　D. 固定工资

44. 美容行业基本工资构成是（　　　）。
    A. "基本工资＋岗位工资"
    B. "基本工资＋岗位工作＋全勤工资"
    C. "基本工资＋岗位工资＋全勤工资＋出差津贴"
    D. "基本工资＋全勤工资＋出差津贴"

45. （　　　）是企业实行奖惩制度的目的。
    A. 为了维护企业劳动纪律和各项制度　　B. 为了减少浪费
    C. 为了维护企业形象　　　　　　　　　D. 为了扩大企业影响力

46. 培训是向（　　　）传授其完成本职工作所必需的正确思维认知、基本知识和技能的过程。
    A. 老员工　　　　　　　　　　　　B. 新员工
    C. 新员工或现有员工　　　　　　　D. 全体员工

47. （　　　）不是入职培训考核原则。
    A. 重能力、重潜力、业绩能力为辅　　B. 考核标准尽可能量化
    C. 围绕员工素质评价、岗位职责　　　D. 尽量做到系统性、全面性

48. 岗位绩效目标的制定，可以减少存在于管理者和员工之间对（　　　）的误解。
    A. 绩效结果　　B. 完成任务　　C. 履行职责　　D. 责任分工

49. 绩效考评目标值不包括（　　　）。
    A. 岗位职责履行情况　　　　　　B. 卫生标准执行情况
    C. 公共职责履行情况　　　　　　D. 工作任务完成情况

50. 任职资格管理为员工发展提供更大的空间，有利于人才的（　　　）。
    A. 储备　　　　B. 培训　　　　C. 留用　　　　D. 进步

51. 岗位职责使企业和员工在（　　　）统一过程中实现双赢。
    A. 责任和要求　B. 利益和要求　C. 权力和责任　D. 责权利

综合练习题参考答案

一、填空题

1. 规范和要求,综合品质;2. 敬业爱岗,团结协作;3. 奉献;4. 目的性;5. 专注工作,承担责任;6. 自主学习能力,独立工作能力;7. 效率成本,费用成本;8. 工作内容,责任范围;9. SPA养生时期,高科技美肤时期;10. 价值取向;11. 美容导师;12. 2014;13. 上游,供给与需求;14. 创新;15. 管理创新;16. 新的服务方式;17. 形象创新;18. 个性化;19. 健康美;20. 上、下游关系;21. 组织结构;22. 职业信念;23. 耐得住寂寞;24. 岗位职务;25. 美容师;26. 工作业绩;27. 成本控制、产出和效益;28. 达到效益目标;29. 奖励和惩罚;30. 经营特点;31. 个人技能培训;32. 人体。

二、单选题

1. B;2. D;3. C;4. A;5. C;6. B;7. B;8. B;9. B;10. D;11. C;12. D;13. C;14. D;15. B;16. C;17. D;18. A;19. A;20. B;21. C;22. B;23. C;24. A;25. D;26. B;27. A;28. A;29. C;30. B;31. C;32. A;33. D;34. A;35. B;36. C;37. A;38. D;39. C;40. A;41. B;42. A;43. C;44. A;45. A;46. D;47. A;48. A;49. B;50. C;51. D。

附录二
课程标准

一、课程名称

课程名称为"美容行业企业认知"。

二、适用专业及面向岗位

适用于医学美容技术专业、中医美容及美容美体专业,同时适用于美容美体企业培训。面向美容行业的技术、营销及管理等所有岗位。

三、课程性质

本课程是入职美容行业的第一门课程,属专业技术技能课程(专业的核心课程)。

课程内容与认同行业企业典型工作任务对接,采用案例教学、岗位培养等教学方式,培养学生具有良好职业心态及职业形象。利用岗位培养教学资源,如企业文化、标准化及规范管理、美容岗位剖析、员工成长历程分享,解决学生对美容行业认知模糊、就业前景迷茫等问题。让学生了解并认同美容行业企业,树立专业的自信心和自豪感,明晰未来的职业生涯发展定位,对后续课程学习产生兴趣,从而以积极主动的态度对待专业学习。

四、课程设计

(一)设计思路

本课程基于从事美容岗位工作应具备的职业心态和职业素养要求设计,以美容标准化服务流程及规范为主线,以职业心态引导、职业素养培养为目标,以了解美容行业发展历史及发展前景为前提,选择行业中不同类别企业的典型案例为教学案例,通过真实的企业环境氛围熏陶、员工成长典型案例分享、优质服务全流程展示、企业文化分享、团队组建等教学活动,让学生了解并认同美容行业企业,了解美容企业文化、标准化服务、规范管理、职业形象要求。

(二) 内容组织

基于美容标准化服务工作流程的职业礼仪及职业形象要求,课程内容按项目进行整合序化,将医学美容技术专业的专业思想教育内容与入职美容企业的职业心态教育内容相融合。内容包括美容行业发展史、企业类型、企业文化、职业形象、职业素养及职业道德5个学习任务,每一学习任务下有若干典型工作任务,依据职业岗位要求确定每一任务目标。

五、教学目标

(一) 认知目标

(1) 了解美容行业发展历史以及企业文化的内涵。
(2) 了解个人职业形象的意义和重要性。
(3) 熟悉优质服务全流程的内容。
(4) 熟悉职业礼仪规范。

(二) 能力目标

(1) 概述美容行业发展历史。
(2) 运用企业文化自律自己的言行,打造个人良好的职业形象。
(3) 会做3年的职业规划。

(三) 情感目标

(1) 热爱美容行业,热爱企业。
(2) 具备爱岗敬业、吃苦耐劳、勇于付出的精神。
(3) 具有感恩社会、感恩学校、感恩父母、感恩企业的意识。

六、学时与学分

参考学时为36学时,其中理论16学时、技能20学时。学分为2学分。

七、课程结构及内容分析

课程结构及内容分析参见表附录-2-1,课程标准鱼骨图参见图附录-2-1。

表附录-2-1 "美容行业企业认知"课程结构及内容分析

序号	学习任务（单元、模块）	对接典型工作任务	知识、技能、态度要求	教学活动设计	学时
1	美容行业历史	了解行业发展	① 了解美容行业的发展历程 ② 了解美容行业的起源与核心意义 ③ 了解美容行业的发展对人们健康与美丽需求的影响 ④ 了解美容行业与医疗、艺术等相关行业的关系 ⑤ 了解美容行业的现状与发展趋势，理解大健康的概念 ⑥ 了解美容行业发展对人才的需求	① 案例教学：图表呈现美容行业发展进程 ② 分组讨论：行业发展趋势 ③ 分析总结：人才需求、健康与美容的关系 ④ 启发归纳：企业类别	2
2	美容行业企业类别	了解企业类别	① 了解传统美容、养生、美容美体、医学美容、科技美容之间的区别 ② 了解生产工厂、销售公司、终端服务之间的不同点与相同点 ③ 熟悉企业的特色项目归属分类 ④ 了解企业组织架构的构成、核心部门、辅助部门之间相互存在的作用，以及企业组织架构的层次区别 ⑤ 了解企业规模与发展规划		2
3	企业文化	了解企业文化	① 了解企业的历史及文化、企业荣誉、榜样人物 ② 了解企业发展愿景和宗旨 ③ 培养企业的团队精神，认识融入团队的重要性 ④ 理解人文关怀 ⑤ 了解企业的核心项目、特色项目 ⑥ 了解企业规模、技术力量和技术要求 ⑦ 组织并参与晨会、午会	① 活动教学：组建团队、融入团队 ② 动作表达：标准职业礼仪 ③ 情景教学：晨会、午会 ④ 角色扮演：企业形象、电话沟通、面对面沟通 ⑤ 小组讨论：员工福利、岗位职责	8
		熟悉礼仪规范	① 培养良好的职业行为规范 ② 展示标准服务规范（姿势、引领、眼神、微笑） ③ 按职业形象要求整理仪表、仪容 ④ 正确使用肢体礼仪，展示企业形象 ⑤ 运用电话礼仪进行有效沟通 ⑥ 运用面对面沟通礼仪进行有效沟通		
		了解员工福利	① 了解奖罚制度 ② 了解薪酬制度 ③ 了解员工福利制度 ④ 了解休假制度		
		了解岗位职责	① 了解相关岗位职责 ② 了解相关岗位任职资格 ③ 了解岗位具体工作任务及要求 ④ 了解工作岗位绩效目标 ⑤ 了解岗位晋升机制 ⑥ 了解不同岗位的3年职业规划（会所、营销、技术）		

(续表)

序号	学习任务（单元、模块）	对接典型工作任务	知识、技能、态度要求	教学活动设计	学时
4	职业形象打造	精致的职业妆	①淡妆（粉底均匀、手法细腻、色彩柔和、整体自然） ②裸妆：妆容自然清新、精心修饰，粉底薄，用淡雅的色彩点染眼、唇及脸色，无明显修饰痕迹 ③不佩戴饰品，不涂指甲油，不文身	①案例分享：职业形象 ②化淡妆：练习 ③总结点评：妆面效果，接待、引领、微笑礼仪	6
		形体美	①着装得体（穿大小合身的职业装），穿中跟或平底、没有响声的鞋，行走自然 ②仪态大方，举止优雅，谈吐得体		
		心态积极	面带微笑，自信阳光，充满活力，乐于助人		
		职业形象训练	①熟悉职业发型、妆面特点 ②熟悉职业礼仪（"四姿五礼"） ③学会优质服务全流程（接待、引领、微笑）		
5	职业素养及职业道德	工作态度	①喜欢并认同企业，服从岗位工作安排 ②虚心好学，做事认真、踏实、主动，愿意为他人提供帮助 ③吃苦耐劳，任劳任怨，不斤斤计较 ④服务意识强，服务体贴周到、耐心细致，关心顾客的感受	①案例教学：员工成长过程分享 ②情景教学：参观企业、阅读《产品手册》《员工守则》 ③活动教学法 ④问题教学法	18
		责任意识	①对待工作有高度的责任意识 ②销售回访认真负责 ③使用用物、用品符合卫生安全要求 ④不使用过期变质产品，不违规操作		
		创新意识	①具有良好的创新意识，对工作进行不断创新（方案、技术、产品、手法的调整） ②具有良好的创造意识，能创造性地开展工作		
		综合素质	①了解如何具备成本控制意识，掌握数字运算方法 ②培养良好的自主学习能力（新知识、新技术） ③培养团队合作精神（配合他人工作、激励团队成员开展工作） ④培养解决问题的能力（发现问题、处理问题） ⑤培养信息处理的能力（运用管理软件处理、准确获得信息并处理） ⑥培养安全意识（操作安全、卫生安全、隐私安全）		

（续表）

序号	学习任务 （单元、模块）	对接典型工作任务	知识、技能、态度要求	教学活动设计	学时
5	职业素养及职业道德	沟通交流	① 善于运用倾听和询问技巧，有效获取信息，并能理解他人的想法和意图 ② 善于表达，特别是口头表达，向他人传达信息，获取对方的信任和理解 ③ 能够有效沟通		
		职业道德	① 了解职业道德规范的重要性 ② 了解美容行业的职业道德 ③ 了解企业岗位职责要求 ④ 了解绩效考评对岗位的激励性作用		
		合计			36

八、资源开发与利用

（一）教材编写与使用

教材由校企共同编写，编写体例以案例教学、任务训练等教学形式，包括图片、视频等表现方法。教学内容与行业发展要求紧密对接，注意选择企业员工成长轨迹、优秀案例、企业文化等与职业心态引导有关的内容编入教材，应注意案例有代表性、普适性和示范性。内容编排生动有趣、条理清晰、可读性强，既能满足学员学习需求，又符合教材出版要求，可作为医学美容技术专业及其他相关专业的教材。

（二）数字化资源开发与利用

本课程为企业课程，教学场景由校内延伸到校外，参与评价的主体实现多元化（学生、老师、师傅、企业、学校）。为了满足教学场景中更好地实现教学信息可传达、岗位培养教学资源可共享、教学过程可监控、教学质量可评估的目的，利用移动互联、云计算技术等信息化工具，建立信息化平台，实现线上、线下教学相结合。

1. 现代学徒制在线学习平台

由学校和企业发布可在线学习课程资料，采取线上、线下相结合的学习方式，更灵活地完成本门课程的学习任务。导师也可以发布非课程任务的辅导材料（形式包括但不限于视频、PDF 和 WORD 文件等），用于学徒碎片化学习阅读、拓展相关知识点。

2. 现代学徒制在线交流互动平台

企业导师和学徒之间在线交流，采用图片、视频、微课、课件、网络咨询等形式，用手机移动端进行在线学习、答疑、知识考核评价等。最终建成一个丰富、可循环利用的资源库，方便学徒随时搜索和查阅，也方便教学内容及时更新、与时俱进。

（三）企业岗位培养资源的开发与利用

企业导师在学徒中具有榜样教育的作用，美容企业优秀员工的成长经历、成功案例分享、晨会及午会激情带动、定期培训等，能让学徒感受美容企业的文化氛围、团队精神、员工的激情与进取意识。将这些企业岗位培养资源的相关图片、视频及案例收集、整理、制作成微课、教学视频等教学资源，在现代学徒制信息化平台发布，实现线上、线下资源共享。

九、教学建议

教学手段主要采用案例分析、情景教学、角色扮演、活动教学及岗位培养等形式，突出学生岗位能力和职业素质的培养。任务训练突出实用性原则，并遵循学生认知规律；案例分析深入浅出；教学设计围绕培养学生热情、感恩等正能量心态以及良好企业认知能力的培养。教学任务主要由企业导师担任，以教、学、做为主要学习形式。课程考核评价包括结果考核和过程考核。

十、课程实施条件

该课程在企业完成。企业有满足课堂教学的场地、现代化的教学工具，以及满足课程教学的教学课件、图片及视频资源（如企业介绍、组织架构、管理制度、岗位职责、员工手册及职业生涯发展路径的相关资料）等。

十一、教学评价

教学评价有导师评价、学生互评与学生自评等多种评价方式。企业导师是教学评价的主体，评价方式有面试、笔试、过程考核及任务考核等。评价内容有过程性评价与终结性评价，过程评价包括考勤、学习态度、课堂提问、阶段性评价、技能训练完成情况等，终结性评价包括职业心态、团队合作精神、职业形象及职业素质。教学评价重点关注学生对美容行业企业的认知及态度。

撰稿人：叶秋玲、吴琼、龚磊

美容行业企业认知

☆ 认同行业企业
☆ 树立自信心及自豪感
☆ 学习自觉感

了解美容行业企业

美容行业发展历史
① 了解美容行业发展趋势和前景
② 分析行业发展对人们健康与美的需求的影响
③ 美容行业起源与核心项目
④ 了解美容行业发展史

美容行业企业类别
① 描述美容、养生、美容媒体、医学美容、科技美容之间的区别
② 表述企业组织架构的层次关系
③ 举例说明企业的经营类型及特点
④ 举例说明医学美容专业的就业前景及发展空间

企业文化
① 熟悉企业规模、技术力量和技术要求
② 了解企业的历史及文化、企业荣誉、榜样人物
③ 了解企业员工福利、岗位职责、礼仪规范
④ 了解企业发展规划
⑤ 了解企业发展愿景和宗旨

职业形象
① 贯通企业愿景、价值观、表述企业核心项目及特色项目
② 组织并参与晨会、午会
③ 表述企业岗位及岗位主要职责
④ 了解员工福利制度

职业素养及职业道德
① 职业妆化妆手法熟练
② 表述职业妆的具体要求
③ 面带微笑、充满活力、自信阳光
④ 展示标准的职业形象礼仪
⑤ 展示优质服务流程礼仪规范

① 具有服从安排、吃苦耐劳的工作态度
② 具有对工作高度负责、卫生安全的意识
③ 有创新意识、积极进取、创造性开展工作
④ 有团队合作、自主学习、信息收集和处理能力
⑤ 有较强的沟通表述能力，进行有效沟通

① 了解企业发展规划
② 熟悉企业的特色项目
③ 了解核心部门、辅助部门之间的关系及作用
④ 了解企业组织架构的构成

① 优质服务全流程仪表举止要求
② 理解着装、发型及举止要求
③ 理解精致的职业妆特点及要求
④ 理解着装、发型及举止要求
⑤ 职业形象训练方法

① 认识职业形象的重要性及要求
② 理解责任意识的重要性及重点
③ 了解创新意识的具体内容及要求
④ 理解美容职业岗位综合素质的具体要求
⑤ 熟悉交流沟通方式及要求

图附录-2-1 "美容行业企业认知"课程标准鱼骨图

图书在版编目(CIP)数据

美容行业企业认知/申泽宇主编. —上海：复旦大学出版社，2019.4（2025.6重印）
全国现代学徒制医学美容技术专业"十三五"规划教材
ISBN 978-7-309-14242-6

Ⅰ.①美… Ⅱ.①申… Ⅲ.①美容-服务业-经营管理-高等职业教育-教材
Ⅳ.①F719.9

中国版本图书馆 CIP 数据核字(2019)第 055681 号

美容行业企业认知
申泽宇　主编
责任编辑/梁　玲

复旦大学出版社有限公司出版发行
上海市国权路 579 号　邮编：200433
网址：fupnet@fudanpress.com　http://www.fudanpress.com
门市零售：86-21-65102580　团体订购：86-21-65104505
出版部电话：86-21-65642845
上海四维数字图文有限公司

开本 787 毫米×1092 毫米　1/16　印张 8　字数 175 千字
2025 年 6 月第 1 版第 9 次印刷

ISBN 978-7-309-14242-6/F・2554
定价：40.00 元

如有印装质量问题,请向复旦大学出版社有限公司出版部调换。
版权所有　侵权必究

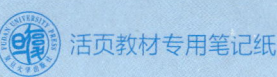

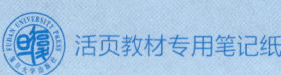

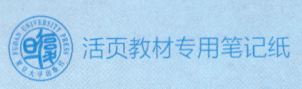

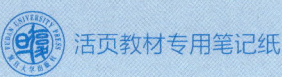

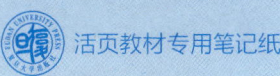

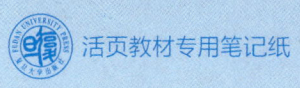

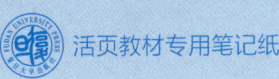

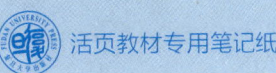

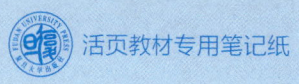